北京财贸职业学院资助出版

U0640432

微时代高等职业院校
主体性德育模式研究

张洁 / 著

中国商务出版社
CHINA COMMERCE AND TRADE PRESS

图书在版编目（CIP）数据

微时代高等职业院校主体性德育模式研究 / 张洁著 . -- 北京 : 中国商务出版社，2022.3（2023.4重印）
ISBN 978-7-5103-4163-2

Ⅰ . ①微… Ⅱ . ①张… Ⅲ . ①高等职业教育－德育－教育模式－研究 Ⅳ . ① G711

中国版本图书馆 CIP 数据核字（2021）第 265051 号

微时代高等职业院校主体性德育模式研究
WEISHIDAI GAODENG ZHIYE YUANXIAO ZHUTIXING DEYU MOSHI YANJIU

张洁 / 著

出版发行：中国商务出版社
地　　址：北京市东城区安定门外大街东后巷 28 号　　邮　编：100710
网　　址：http://www.cctpress.com
电　　话：010-64269744（事业部）　　64212247（总编室）
　　　　　64266119（零　售）　　64208388（发行部）
邮　　箱：bjys@cctpress.com
印　　刷：河北赛文印刷有限公司
开　　本：700 毫米 ×1000 毫米　1/16
印　　张：13
字　　数：201 千字
版　　次：2022 年 3 月　第 1 版
印　　次：2023 年 4 月　第 2 次印刷
书　　号：ISBN 978-7-5103-4163-2
定　　价：68.00 元

前言
Preface

　　微时代是以移动互联网为传播媒介，以微博、微信等为传播平台，以自由、平等、民主为精神实质，以创新为重要属性的时代。它既是新兴时代，又包含了对历史的传承，通过对社会、政治、经济、道德等各个方面的影响，改变着德育环境和人们的思维方式。主体性是微时代的本质属性之一，高职院校选择主体性德育模式是时代的需要，是德育理论与实践相连结的需要，是高职学生的主体性需要，有利于破解德育无法充分满足学生需求的现实问题。

　　微时代高职院校主体性德育模式是包含德育目标、主体、内容、途径、方法、评价诸要素在内的系统化模型，是可以用图形立体阐释的双向循环结构，建构于深厚的理论基础、政策基础与实践基础之上。这些基础既涉及哲学、教育学、心理学等学科的理论积淀，也包含"坚持产教融合、校企合作，坚持工学结合、知行合一"等高职教育的特殊原则。德育目标是德育模式的起点和归宿，主体性德育模式中的德育目标是培养高职学生的能动性、自主性、自由性、创造性，充分发挥其主体性道德人格。模式的建构、运行、调整最终是为了德育目标的实现。

　　人是德育主体，是主体性德育模式中最为核心的要素。依照"双主体"学说，德育主体可以分为教育主体与受教育主体。高职学生作为受教育主体所表现出的自卑情结、自律缺陷、知行不一的主体性欠缺在微时代以新的形式呈现：其能动性为"信息茧房"与多元思潮所捆绑，自主性陷入微平台依赖与"沉默的螺旋"，自由性为"自由即任性"的认知所误导，创造性为泛娱乐化所消解。据此，德育的主要内容可以设计为价值观教育、情感教育、"自由观"教育与职业道德教育。教育主体在德育内容的引导与传授过程中需要打破固有的话语观念，通过发挥自身的创造性激发受教育主体的主体性，以实现主体间性。微时代提供了教育反哺的机遇，打破了教师的权威地位与主体之间纯粹的"教""授"关系，将主体间性界定为"平等中的首席"：教育主体虽然与受教育主体存在身份的平等与交往的互动，但不应放弃"引导者"的话语地位，这既阐明了受教育主体的重要性，也明确了教育主体的引导责任。

德育途径、方法是主体性德育模式的动态要素，是德育内容运用于实践的重要纽带。显性德育与隐性德育是两种重要的德育途径，二者共生共存、相辅相成。对于主体性道德人格的养成而言，显性德育既具有无可比拟的必要性，也存在不能忽视的消极性。在微时代，微平台、MOOC、教学用App 等新形式能够改变显性德育备受诟病的"灌输"形象，为其注入新的活力。

主要包括文化教育与仪式教育两种形式的隐性德育，是微时代最为主要的德育途径，以过程的可接受性、结果的持久性不断促进高职学生的主体性觉醒。这符合校企合作的办学理念、传统教育的遗传性特征以及高职学生的具象思维与实践需求，具有不可或缺的主体性价值。与德育途径的两分法相似，德育方法也可以分为教育方法与自我教育方法。依据高职学生的认知规律与心理特征，教育方法涉及激励法、榜样示范法、实践法、说理法；按照建构主义理论，道德的发展是主体的自我建构；就主体性道德人格的养成来看，以道德能力的形成为前提、以自我认知为逻辑起点、涉及解放性学习与社会性活动的自我教育更为重要。

德育模式并非单向传递的过程，作为具有动态性、循环性的立体结构，能够依靠德育评价进行调整与提升。因此，微时代高职院校主体性德育模式处于不断自我修复的螺旋式上升发展过程之中，既能够应对微时代的挑战与机遇，也符合高职教育的规律与高职学生的需求，是高职德育重要的理论探求与实践探索。

目录
Contents

导论
Introduction

习近平总书记指出：职业教育是国民教育体系和人力资源开发的重要组成部分，是广大青年打开通往成功成才大门的重要途径……必须高度重视、加快发展。[①] 高等职业教育具有职业教育与高等教育的双重属性。2020 年，全国高职院校 1468 所，比上年增加 45 所。在校生近 1300 万，占高等教育总量的一半。然而高等职业院校的科研水平、理论能力与顶层设计的重视程度和现实发展水平之间并未呈现出完全相关的正比例关系，这在德育工作中表现得尤为明显。高等职业教育的目标是培养"高素质劳动者和技能型人才"。"高素质"既包含较强的职业能力，也包含优秀的道德素养。就企业、行业而言，在实际工作过程中，高等职业院校学生展现出高水平的道德能力、高标准的道德素养甚至比技术技能本身更为重要，这形成了德育现状与对德育迫切需求之间的张力。为了使德育理想能够"照进现实"，联结理论与实践的德育模式需要回应两种关切：

1. 德育模式需要体现时代性

根据潘懋元教授的观点，教育具有外部规律与内部规律。外部规律是对教育与社会关系的规律的描述，本书将之具体化为高等职业院校德育与微时代的关系；内部规律则是对教育诸要素之间关系的描述，作为由德育目标、内容、途径、方法、评价等要素构成的德育模式正是内部规律的重要表征。教育的两大基本规律遵循内外因辩证关系原理，即内部规律受外

---

① 《习近平就加快发展职业教育做出重要指示》，《人民日报》，2014 年 6 月 24 日。

部规律的制约，外部规律只有通过内部规律才能起作用。2009 年，学者提出"微时代"的概念。时至今日，以微博、微信等社交平台为标志的微时代已经突破了最初的传播学范围，成了重要的德育环境，改变着教育主体、受教育主体的思维方式与行为模式，为高等职业院校的德育带来了机遇与挑战。德育需要明辨时代的内涵与精神实质，对微时代进行回应，这种回应既是与时俱进的理论创新，也是务实发展的工作实践。在微时代，寻找高等职业院校德育研究的切入点，创新理念，实现理论与实践的契合，真正培养学生的主体性道德人格，是德育工作的重要命题。德育模式作为理论的简约化形式、从理论到实践的中介形式，应当责无旁贷地承担德育认识时代环境并反作用于时代环境的重任。

2. 德育模式需要体现特殊性

就高等职业院校而言，德育模式既应体现受教育主体的特殊性，也应体现高等职业教育的特殊规律。首先，人是道德的主体，道德产生于人对于自我确认、自我发展的需要，是为人服务的。因此，人的主体性是道德活动的依据。人作为主体的复杂性与社会的复杂性相叠加，决定了道德教育的复杂性。高等职业院校学生作为德育的受教育主体是复杂的、独特的，具有自卑情结、自律缺陷、知行不一等特点，这是主体性欠缺的重要表现，德育模式需要呼应这种特殊性。其次，规律是事物固有的、本质的、必然的联系。高等职业教育所具有的一个重要规律是开放性，需要灵敏地、超前地应对经济政策、经济环境的变化；需要与企业、行业建立紧密联系，进行产教融合、校企合作；需要服务区域经济发展；需要体现多维的、创新的时代特征，这决定了高等职业院校德育模式无法因袭普通高校的德育模式，而是需要有针对性地做出调整与创新。高等职业院校做过很多创新德育模式建构的探索。然而，在微时代环境中，这种创新应当建基于主体性之上。（为便于叙述，下文中，"高等职业院校"按照惯例简称为"高职院校"，"高等职业教育"简称为"高职教育"，"高等职业院校学生"简称为"高职学生"）

第 1 章

微时代及其影响

1.1 微时代概说

界定一个时代，一般是将具有代表性的新事件或者新事物的形成作为起点，综合其所特有的社会、政治、经济等状况而划分的一个时期。作为特定的历史阶段，时代的重要性并不以存在的时间长短为标准，而是以其对国家、社会、民众甚至未来的影响为评价尺度。微时代正是这样一个具有重要影响力的时代。

1.1.1 微时代的定义

2009 年，栾轶玫发表的《新媒体 2009：微时代的价值发现》一文明确提出"微时代"这一概念，这是关于"微时代"的最早表述。栾轶玫认为，"2009 年新媒体的发展出现的一个显著特征是'微时代'，无论内容生产还是消费都呈现出明显的'微'特征。"[①] 可见，"微时代"是作为媒体发展的新时代被阐发的。2009 年的微博，2012 年的微信，都作为微平台的代表成了微时代的标志。随后出现的"微××"语言结构构成的所有词语，都不加区分地被强行附缀于微博、微信之后，成为与之同一维度的语言产品。

关于微时代，学界的论述多种多样。林群在《理性面对传播的"微时代"》

[①] 栾轶玫：《新媒体 2009：微时代的价值发现》，《新闻与写作》2009 年第 12 期。

一文中说到："微时代"是指以信息的数字化为基础，运用视频、音频、文字、图片等多种形式，通过移动终端设备，进行以高效、实时、互动为主要特征的传播活动的新的传播时代①。扈雅璐在《微时代背景下我国微博文学的生产与消费》中强调：微时代，即以微博作为传播媒介代表，以短小精炼作为文化传播特征的时代②。《基于微时代视角的微式管理研究》作者刘晓云认为，微时代就是以微博、微信、微小说、微电影、微旅行、微公益为特征的新时代③。

表述虽然多样，但学者们对于微时代的定义基本一致，即起源于微博，关键在传播。传播学认为，在微时代，平等的信息架构、极快的链式传播都加速了迷你化、瞬时性、扁平化趋势，在对话中，人人都能成为决策参与、传播活动的主体。

当前，"微"组词已经渐渐脱离了信息、传播的领域，从通信技术蔓延到生活的方方面面，突破了原有的范围，还原了"微"作为形容词的本义，将"微时代"全面定义为一个复合型概念：第一，从最普遍的意义也即技术层面而言，微时代是传播时代，传播平台、传播终端的不断更新使得信息得以进行爆炸式传递。同时，微时代具有创新性，就微时代目前最为重要的代表性平台——微博、微信而言，其特征为阶段性、短暂性、临时性。康宁公司（Corning Incorporated）对于未来科技的想象视频已经告诉我们，未来有无限可能，新的传播平台将会取代现有的传播平台，微博、微信的发展路径已经印证了这一观点。第二，就本质而言，微时代是关注主体需要、个体价值的时代。一方面，微时代的表达特征注重平等性的交流、扁平化的沟通，这彰显了微时代民主、平等的精神实质；另一方面，微时代还原了《新华字典》中将微解释为微小、轻微的本义，不仅赋予"微民"表达与接受评论的权利，也将适度的自由行为、自由精神视为正当，微旅行、

---

① 林群：《理性面对传播的"微时代"》，《思想政治工作研究》2010 年第 3 期。
② 扈雅璐：《微时代背景下我国微博文学的生产与消费》，《吉林省教育学院学报》2014 年第 4 期。
③ 刘晓云：《基于微时代视角的微式管理研究》，《中国软科学》2014 年第 3 期。

微电影、微小说均是其表征。简言之，微时代是以主体性为本质，以微平台为标志，以平等、民主、自由为精神实质，以微创新为特质的，充分彰显主体价值的时代。

1.1.2 微时代的传承与发展

微博、微信的发展似乎成就于一夜之间，这种井喷式的增长除了有赖于本身具备的主体性特征之外，与其对历史的传承也密不可分。

1. 微时代的产生与发展

媒介是社会发展的基本动力，每一种新媒介的产生与运用都宣告我们进入一个新的时代[①]，加拿大传播学家麦克卢汉的著名论断同样适用于微时代。媒介，是面向大众的信息传播形式，移动互联网是新型传播媒介，微博、微信等微平台是移动互联网的主要传播平台，是最为民众所认可与熟知的微时代表征。教育部、国家语委将 2010 年界定为微博元年，标志着"微时代"已经由学者期待变成了社会现实。

微时代的发展可以用迅猛来形容。据中国互联网络信息中心（CNNIC）发布的《中国互联网络发展状况统计报告》显示，截至 2012 年 12 月底，全国网民规模达到 5.64 亿，互联网普及率为 42.1%，其中手机网民数量为 4.2 亿，占网民总数的 74.5%；2015 年，中国网民规模升至 6.88 亿，50.3% 的中国人已经置身于互联网，其中手机网民数量增至 6.20 亿，占网民总数的 90.1%，这表明个体在上网时更愿意选择手机等便捷的移动终端。而微博、微信等社交平台为移动网民数量的迅速增长提供了重要的技术支撑与平台支持，同时微平台的发展状况也可以帮助民众更直观地了解微时代的发展态势：2010 年 5 月，微博月覆盖人数达到 8065 万；2012 年，微博用户达 3.09 亿，其中手机微博用户达 2.02 亿，占用户总数的 65.6%；2015 年，微博的月均活跃用户量超过 2.12 亿，其中，移动端用户占比为 86%。每天，微博

---

① ［加］马歇尔·麦克卢汉著，何道宽译：《理解媒介——论人的延伸》，商务印书馆，2000 年，第 37 页。

会产生 10 万篇文章、2100 万张照片以及上万条视频。微信的发展则呈现更为强劲的爆发式增长：2011 年，微信使用 433 天，用户已经累计达到 1 亿；2015 年，微信的日均用户达到 5.7 亿。无所不在的微平台成了微时代最为显著的特征。

微时代的发展有赖于移动互联网的普及。移动互联是移动通信与互联网的结合体，随着 4G 网络全面取代 3G，移动互联网络使用的普遍性与微平台的便捷性更加相得益彰。移动互联网络的发展提高了微平台的覆盖率，提升了微平台的使用率；微平台的便捷性延长了移动互联网络的使用时间，促进了其发展。据第 35 次《中国互联网络发展状况统计报告》显示，2014 年，我国移动互联网用户的人均上网时间达到每周 26.1 小时，大学生群体使用智能型手机的比例为 80.8%，使用移动网络获取信息的比例高达 99.42%，这在传统互联网时代是不可想象的。

2. 微时代是历史的传承

美国哲学家威尔·杜兰特认为，"当下乃为成事而拾掇的往昔，往昔尤为解惑而展开之当下。"历史总是出奇的相似。微时代是随着现代信息技术风靡的语词，它不仅改变着人们的联系方式，更改变着人们的生活。《2.0版——数字化时代的生活设计》的作者艾瑟琳·戴森提出：网络并不能改变人性，它只是提供某种前所未有的可能性，把人性中潜在的某种因素激发出来。推而广之，作为微时代技术核心的微平台与移动互联网也绝非创造了全新的时代，从某种意义上来说，是把微时代的本质激发出来，在中国，这种激发的土壤正是传统文化。中华民族向来有着"微"历史：从"勿以恶小而为之，勿以善小而不为""一夫当关，万夫莫开"的微文化到 2014 年李克强总理频繁强调的"微刺激"，都体现了微传统在中国的一脉相承。"微"之所以能在中国风靡为一个时代，是由于中国传统文化中有注重"微"的元素，微历史与微时代的融合，本质上即为传统与当代的结合。因此，在微时代，应更加注重传统文化的现代性表达。

1.1.3 微时代与相近概念的区别与联系

网络时代与信息时代是与微时代较为相近的概念，既存在联系也具有区别，将三者完全等同的观点是对微时代理解上的偏差。

1. 微时代与网络时代

"网络时代"的概念较"微时代"概念的出现早许多：1984 年，有学者认识到计算机网络的重要意义并强调应"大力加强计算机网络的研究和推广应用工作"[①]。还有学者认为，"随着互联网技术高速的发展，人类社会进入了网络时代。"[②] 随着微博、微信的快速崛起，互联网发展已进入全新的"微时代"。可见，微时代是在网络时代的基础上发展起来的。网络时代不能简单等同于微时代，二者具有明显区别：

第一，就理念而言，网络时代的研究关注网络的工具性价值。诚如马斯洛的"锤子定律"所描述的那样：如果你拥有的唯一工具是一把锤子，那么你会忍不住将所有事物看作钉子；美国哲学家亚伯拉罕·卡普兰也认为，如果给一个男孩一把锤子，他会认为遇到的所有事情都需要敲击。同理，以网络作为核心词汇的"网络时代"中，学者们擅长并习惯于运用网络这一工具解决民众的社交、信息的传播等问题，关注网络给社会带来的积极作用与消极影响，强调工具的意义大于内容的意义。而微时代是以内容为王的时代，它注重大众的接受或悦纳与否。作为微时代具有代表性的交流方式，微平台确保民众能够进行扁平化交流与无障碍沟通。因此，微时代不仅关注工具性价值，更关注伦理性价值，它与平等、民主、自由等社会主义核心价值观密切相关，是社会进步、主体性提升的重要标志。

第二，就载体而言，网络时代的硬件支持是电脑，微时代由于依赖移动互联网而更广泛地使用手机或者平板电脑；网络时代的传播沟通平台是网站、博客，微时代则是微博、微信等微平台。微时代融合了移动计算技

---

① 曹东启、刘福滋：《积极促进计算机网络时代的到来》，《计算机应用与软件》1984 年第 3 期。

② 王洁：《浅议网络时代的大学生思想道德教育》，《改革与开放》2011 年第 4 期。

术与微博、微信为代表的社交网络这两大技术潮流，二者相辅相成，形成了互相支持、相互推动的良性循环。因此，民众能够随时随地地迅捷使用社交网络是微时代与网络时代的根本性差异，这种迅捷改变了人们的交往理念与生活方式。

第三，就主体而言，网络时代呈现行为主体符号化的特征：与现实中具有独特个性的主体不同，网络时代的行为主体隐蔽于虚拟空间，将个人的真实特征演绎为数字与符号，通过计算机切断了与现实身份的所有联系。这既造成了网络监管的困难，也导致了行为主体道德意识的淡化。微时代，行为主体交往的基础是身份的真实，微博、微信等微平台的身份验证为这种真实提供了技术支持，实现了行为主体的"朋友圈"从现实到微平台的转移，为理性主体的培养提供了可能。

2. 微时代与信息时代

信息时代是指随着计算机的出现和普及，信息对社会起到十分重要的影响，信息量、信息传播与处理的速度等呈现几何级数增长的时代。信息时代与微时代虽然都重视信息的价值，但二者有明显区别：第一，就信息传播方式而言，信息时代聚焦于信息的传播研究，更为关注技术层面的问题。而微时代注重通过某种传播方式带来的信息的影响力，即信息传播方式是否会为大众所认可。第二，就信息传播内容而言，信息时代侧重于内容的"传授"，而微时代更注重内容的"接受"，这是对人的主体性的关注。

可见，微时代的研究并不囿于信息的研究，而是时代内涵与外延的系统性研究，它既注重内容也注重技术，既关注工具性价值又关注本体性价值，具有不同于以往时代的特质。

1.2 微时代的精神实质与重要性质

在以往对于微时代的研究中，其精神实质与重要性质往往并非主要的关注对象。而事实上，平等、民主、自由的时代精神与微创新的特性更有利于揭示微时代的主体性本质。

1.2.1　微时代的精神实质：平等、民主、自由

作为改变民众的时代环境，微时代具有平等、民主、自由的时代精神，这种精神体现于社会的伦理秩序，体现于微平台之上，体现于大众的感知之中。

1. 平等

在微时代，关注主体性、增强独立性的需求对人际关系的平等性有着日益增长的要求。一方面，微时代强调淡漠权威、去中心化。诚如香港浸会大学教授科林·斯巴克斯所言，微时代中，很多人和很多人交谈，这才是最根本的民主动态，它让大众交流成为可能，最根本的改变在于它实现了参与性民主，而不是代表性民主。另一方面，去中心化的路径是要实现扁平化的交流与互动。扁平化是指信息传播者与信息接受者直接进行信息的传递，不存在中间环节。微博、微信中扁平化的沟通方式有效避免了信息漏斗，增强了交流双方的互动性、平等性，充分彰显了个体价值。美国知名的新闻工作者托马斯·弗里德曼认为，在这个平的世界平台中，个体被赋予了强大的力量，主体的表达、沟通欲望被激发与满足，人与人的直接交流成为新常态。

2. 民主

一些学者将微时代中的个体称为"微民"，更多人喜欢称其为"草根"。《长尾理论》的作者克里斯·安德森这样形容微时代：我们确认我们是进入了人类发展的一个新阶段。用一个词语来形容就是民主，微时代将有力的工具置于普通人手中。[①] 可见，微时代是赋予草根话语权的时代，这使得民众可以充分展示出自媒体的力量。大到国家新闻，小到邻里琐事，草根都能够随手拍、随手记，在微平台上分享心得、得到关注。如果时机恰当，可能因此成就"草根英雄"的传奇。于是，微时代增强了个体的自觉性。人们自觉学习，自觉成为自媒体，将草根的语言力量发挥到极致。正如日

---

① ［美］克里斯·安德森著，乔江涛、石晓燕译：《长尾理论》，中信出版社，2012 年，第 524-525 页。

本知名企业家伊藤穰一所言，微时代是开放的，任何人都可以参与，任何人都可以贡献，不需要任何人的允许。

3. 自由

在微时代，大众对热点的关注源自个体的兴趣与需要。虽然主体会被引导，或者自己相悖于主流的观点会陷入"沉默的螺旋"，但主体拥有自主选择权的事实毋庸置疑。无论是微博、微信上的点赞与评论，还是微电影中表现的方式与传达的思想，都是主体自由选择的结果。这种选择不仅表现在对于传播平台的选择，还体现为对于信息内容与表达方式的选择，是行为自由更是精神自由的彰显。强制性在微时代是不存在的，因为没有人能够用强力绑架民意，绑架主体认知。

1.2.2 微时代的重要性质：微创新

创新是时代进步与发展的重要标尺，微创新从形式上属于微时代的语词结构，从内容上强调创新创造。聚沙成塔，集腋成裘，微时代的创新不仅仅指代突破式创新，民众共同推进的迭代式创新更为可贵。

1. 微时代是创新与进步的时代

微时代是一个创新与进步的时代，它本身需要不断创新创造才能维持并激发活力。一旦创造枯竭，微时代便失去了最主要的时代特征。彼得·蒂尔将社会进步分为两种：一种是照搬已有经验的水平进步，比如全球化——把某地的有用之物推广到世界各地；另一种是探索新道路的垂直进步，比如科技，任何新方法或者可以使事情更容易完成的方法都是科技。前者是从 1 到 n 的广泛跨越，后者是从 0 到 1 的创新创造。[1]

这与李开复将创新分为突破式创新与迭代式创新异曲同工：迭代式创新是指贴近、理解和预测用户需求的创新[2]，微信就是迭代式创新的代

---

① ［美］彼得·蒂尔，［美］布莱克·马斯特斯著，高玉芳译：《从 0 到 1——开启商业与未来的秘密》，中信出版社，2014 年，第 8 页。
② 财新传媒著：《李开复归来》，中信出版社，2015 年，第 42-60 页。

表。毫无疑问，微信是颠覆性的，但是它的第一步也没那么颠覆，而是与whats App或者其他社交平台十分相像。微信不断滚动以后取得了颠覆性的效果，所以颠覆不一定是一步到位的，也可能是多步迭代的，这就是迭代式创新。

无论是微博、微信这种社交平台的天才制造，还是滴滴打车、微平台支付这些"互联网+"产业对个体信息创造性的对接与放大，微时代帮助人们发现了自己都未曾关注的需求。换言之，微时代在将个体的价值与需要进行创造性重组，它在创造市场。没有一个领域或者一件事物能够在微时代保持一成不变且不被淘汰，只有不断创新，才有存在的可能。

2. 微时代擅长微创新

微创新是微时代的重要特性。正如周鸿所言，用户体验的创新是决定互联网应用能否受欢迎的关键因素，这种创新就属于互联网的"微创新"。然而在微时代，微创新绝不仅仅局限于互联网领域，它无所不在。《微创新——5种微小改变创造伟大产品》的作者德鲁·博迪认为：微创新包括框架内的创新，他以跳高选手迪克·福斯贝里创造性地使用背越式方法来说明，微小的改变就能带来伟大创意。[①] 在各个大学建设的创新创意创业基地，不难发现这样的微创新：女士提包内侧边缘为了寻找物品而设计的LED照明灯；为了帮助上课学生领取快递的自提组柜……一方面，这些微创新满足了需求，推动了需求的开发与创造；另一方面，来源于学生的创意与设计也彰显了微时代的主体性本质。

1.3 微时代对德育环境的影响

根据社会存在与社会意识关系原理，属于社会存在的环境必然决定属于社会意识的思想、政治、道德。德育是对受教育主体思想、政治、道德

---

① ［美］德鲁·博迪，［美］雅各布·戈登堡著，钟莉婷译，《微创新——5种微小改变创造伟大产品》，中信出版社，2014年，第8-9页。

有计划、有目的地施加影响的活动。因而从根本上说，德育是由环境所决定的，也必然受到环境发展变化的影响，"真空"德育是不存在的。当然，被誉为实践理性的德育，不仅仅被环境所决定和影响，也发挥反作用力改造和优化环境，这种改造是通过改造主观世界来推动的，是通过实践活动来完成的。学界将对人思想品德形成、发展直接或间接产生影响的各类因素称为德育环境（姬刚，2012），为了论证二者关系，还派生了"德育环境论"（雷军，2003）、"德育生态论"（朱家安，2006）等理论体系。

德育环境根据不同标准可以有多种分类。然而，无论哪种类型的德育环境都是动态的，是不断变化发展的，这是唯物辩证法的基本规律。在这一规律的作用下，微时代通过对社会、政治、经济、道德的影响改变着高职院校的德育环境，进而改变了高职院校的德育理论与德育实践。

1.3.1 微时代对社会的影响

微时代不仅通过微平台加速了信息的社会传播，也从本质上彰显了个体价值取向，加速了社会关系的重构。

1. 微平台的全球性与亲民性加速信息的社会传播

NBA前任总裁大卫·斯特恩认为，微时代提供的最重要的东西就是"发言的新场所"——微平台，它具有全球性和亲民性。

（1）微平台的全球性

诚如美国奥莱利传媒公司首席执行官蒂姆·奥莱利所言：我们在以一种可以即时传播、即时复制并可即时提取额外意义的方式来进行我们的脑力活动，依靠微时代的平台，信息交换遍布全世界，这加速了全球化的发展趋势。在微平台出现之前，传播领域存在以广播电视等平面媒体为代表的单中心传播方式，也有将广播电视与短信互动相结合的单中心为主、少量互动为辅的传播方式，还有以BBS、电子邮件为代表的多中心传播方式，这些方式具有聚拢主流声音的优势，却也形成了民众发声渠道受限的不利影响。随着Twitter的诞生，传统信息传播方式被颠覆，Twitter、Facebook……微时代不只发生在中国，它具有世界性。在中国，复制Twitter

的新浪微博甚至保留了 140 个字的相同上限。微信则常常与 Whats App 相提并论，2009 年上线的 Whats App，是同类产品的鼻祖，较 2011 年 1 月推出的微信，早了一年有余，2014 年，其活跃度已经达到了月均 4.3 亿，这些社交软件宣告了全球性微时代的到来。中国处在改革开放的关键阶段，国内环境早已同步于世界背景，微时代的发展是大势所趋。

（2）微平台的亲民性

微博、微信等微平台为人们所熟知并认可，移动互联网络技术的无孔不入、智能手机的全面覆盖为微时代营造了良好的民众基础。微平台所具有的三项功能更使其保持了与大众的高黏度。

第一，咨询功能。微时代扩张了信息，作为微时代中信息传播方式代表的微博与微信，其功能已有众多论述。中国人民大学舆论研究所所长喻国明认为：微博能够产生"核裂变"效应，形成信息的高速大范围传播，它可以让每个人都发挥过去只有媒体才能发挥的作用，通过微平台人们能够不断获取新的咨信，而信息在这里能够获得几何级数的增长。[①]

第二，社交功能。微时代是随着现代信息技术风靡的语词，它通过改变人们的联系方式改变人们的生活。一方面，由于微时代的到来，人们降低了见面的频率，这在提高便捷性的同时也增加了很多不确定性，比如缺少了语态、身体的直接交流，很难判断对方的态度、情绪，从而进行完整有效的沟通。另一方面，微平台能够让素未谋面的陌生人成为朋友，让远在天边的影响力大于近在眼前的，这成为网络交往的延伸。

第三，享用功能。微时代的个体表现出更为强烈的情感需求、尊重需求和自我需求，微博、微信等微平台能够促进这些主体需求的实现。熟人社会的信息传播空间能够帮助人们互相关注，激发和满足彼此的情感需要；扁平化的沟通交流方式能够让每一个人平等发表自己的想法、看法，从而得到别人的尊重；自媒体的信息传播与交互方式能够让大众掌握话语权，以满足自我需要，促进个体实现，从而获得自由和幸福，获得精神上的享

---

① 喻国明：《微博影响力的形成机制与社会价值》，《人民论坛》2011 年第 34 期。

受和愉悦，这被称为个体的享用功能。享用功能的实现是以主体生存需要的满足为基础的，是生存价值、功利价值向精神价值的转化，是"自由的和高贵的"。①

2. 微时代继承传统的人本特质彰显社会个体价值取向

"本"在哲学上有两种解释：一种是世界的"本原"，另一种是事物的"根本"。以人为本，是哲学价值论概念，它要回答这个世界上，什么是最重要、最根本、最值得我们关注的问题。这里的本，是根本的本。以人为本的主体是人，强调人的重要性、根本性，不能本末倒置，更不能舍本求末。

微时代关注主体性，尊重主体地位，其基础正是以人为本，这是微时代"人本"特质的重要表现，具有历史基础与政治理论优势。

（1）中西方传统文化中的以人为本

虽然传统中国社会重视群体，强调大局观与组织纪律性，个体的主体性通常被淹没于群体之中，但人本的思想依然有着深厚的根基。中国历史上的人本思想，是朴素的以人为本的思想，是相对于以物为本而言的，强调人贵于物。《论语》中记载过一个事例："厩焚。子退朝，曰：'伤人乎？'不问马。"② 意思是，马棚失火了，孔子问伤人了吗？而不问马怎么样，说明在孔子看来，人比物重要。我国古代典籍中最早明确提出"以人为本"的是春秋时期齐国名相管仲，他在《管子·霸言》中说到："夫霸王之所始也，以人为本。本理则国固，本乱则国危。"③《三国志》中刘备有言："夫济大事必以人为本，今人归吾，吾何忍弃去！"④ 在中国历史上，"人"和"民"通用，人本即民本，管仲、刘备所说的以人为本，就是以人民为本。

---

① 华东师范大学教育系，浙江大学教育系编：《西方古代教育论著选》，人民教育出版社，1985年，第109页。

② 杨伯峻、杨逢彬注译：《论语》，岳麓书社，2000年，第91页。

③ ［春秋］管仲著，邹德金编著：《管子全书解读》，内蒙古出版集团，内蒙古人民出版社，2010年，第141页。

④ 许嘉璐主编：《三国志》，汉语大词典出版社，2004年，第559页。

而孟子强调的"民为贵，社稷次之，君为轻"①；《尚书》里的"民惟邦本，本固邦宁"② 均有以人为本之意。

西方早期的人本思想，主要是相对于神本思想，主张用人性反对神性，用人权反对神权，强调把人的价值放在首位。公元前 5 世纪，普罗太戈拉提出：人是万物的尺度，是存在者存在的尺度，也是不存在者不存在的尺度，这是西方以人为本思想的最早表述。14-16 世纪欧洲文艺复兴运动是一场提倡个性解放和自由、平等，强调人的价值的人文主义运动。人文主义奠基者彼得拉克认为，"有人对野兽、飞禽和鱼类的事情知道得很多……而对人的本性一无所知，不知道我们从何处来，往何处去，以及为什么生活，这到底有什么好处？"文艺复兴时期人文主义语境下的以人为本主要是将人当作主体，肯定人、注重人，关注人的尊严、价值和才能的展示，而不是神和信仰。

（2）中国共产党以人为本的执政理念

中国共产党在一百余年的奋斗历程中，始终站在人民大众的立场上，代表人民利益，坚持以人为本，形成了极为丰富的以人为本的思想。中国共产党的 "以人为本"不同于中国传统的以民为本，它虽然包含有古代民本思想中的"亲民""爱民""仁政"的一些合理成分，但本质上是唯物史观的体现，是以人民群众的根本利益为"本"，体现了共产党"立党为公、执政为民"的奋斗宗旨。同样，中国共产党的"以人为本"与西方人文主义精神下的"以人为本"也有所区别，它虽然包含西方资产阶级"人本主义"思想宣扬的"人权""人性""自由""平等"等合理成分，但本质上体现的是马克思主义关于无产阶级"解放全人类"的思想。

党的十八大报告中有明确的以人为本的表述："为人民服务是党的根本宗旨，以人为本、执政为民是检验党一切执政活动的最高标准。"③ 3 万

---

① ［战国］孟轲，［战国］荀况著：《孟子·荀子》，万卷出版公司，2009 年，第 290 页。
② 周秉钧注译：《尚书》，岳麓书社，2001 年，第 51 页。
③ 《坚定不移沿着中国特色社会主义道路前进　为全面建成小康社会而奋斗》，2012 年 11 月 8 日。

字的报告中，"人民"一词出现频率高达 145 次。这充分彰显了我党以人为本的价值追求；十八届三中全会更是旗帜鲜明地指出："坚持以人为本，尊重人民主体地位，发挥群众首创精神，紧紧依靠人民推动改革，促进人的全面发展。"①

可见，无论在中国还是西方，人本性、主体性均有着深厚的历史渊源与理论基础。微时代所蕴含的人本特质植根于传统文化，具有民众广泛认可的基础。同时，随着微时代的发展，其彰显的个体价值取向不断刺激主体对于社会地位的需求，对于能动性、自主性、创造性的要求，民众对于自身价值的实现与开发已经呈现出前所未有的关注与热情。

3. 微时代的群体性与革命性加速社会重构

在微时代，民众自身正在经历一场变革——从思维到行为，从观念到素质，从个体到群体都在改变。一方面，微时代能够帮助人们解放思想、提升创造力；另一方面，微时代正在对社会进行着潜移默化地重构。

（1）重建互联网信任

厉以宁教授认为，人与人之间的交往能否延续，人与人之间的关系能否长久维持，是靠人的信誉支撑的……信誉是最重要的社会资本。② 微时代开启的"熟人"模式对于重建互联网信任至关重要，正如费孝通先生所言：中国社会有一张复杂庞大的关系网，人熟是一宝，熟人社会中人与人之间的联结构成了一张张关系网。随着城市建设与网络时代的发展，中国逐渐从"熟人社会"过渡到"生人社会"。对于杜绝腐败现象而言，"生人社会"更有优势：制度契约取代人情关系，限制了一些灰色地带。然而，人们习惯于在 QQ、MSN 等传统网络平台上与素昧平生的对象推心置腹，从某种程度上说，也消解了社会的信用关系，破坏了信用体系。

微时代，中国又渐渐从生人社会回归熟人社会，微信中的朋友圈与传统社会中的关系网并无本质区别。就信息辨别而言，网络上不同层次、不

---

① 《中国共产党第十八届中央委员会第三次全体会议公报》，2013 年 11 月 12 日。
② 厉以宁著：《中国经济双重转型之路》，中国人民大学出版社，2013 年，第 699 页。

同类型、不同范围的信息铺天盖地，作为筛选信息的一种方式，熟人圈子提供的信息更可信任也更具有参考价值，这种对传统的回归对于重建人与人之间的信任关系，重建社会信用体系十分有益。2014 年，有 54.5% 的网民表示对互联网信任，较 2007 年的 35.1% 有了大幅度的提升，微时代的影响可见一斑。

（2）线上影响线下

微时代中，原本仅仅活跃于网络空间的思维方式、社交方式蔓延至现实生活，这造成原有的社会问题被放大，新的社会问题相伴而生，主要表现为：

首先，伴随社会的发展，一些负面问题的形成难以避免，如法治不彰、官员腐败、社会服务滞后等，这是改革所造成的"阵痛"。这些社会现象虽然只具有暂时性，随着改革的深入将逐步缓解并最终消失，但因其与民众休戚相关，在一定时期内仍然能够导致社会民众心理安全感的降低，这种降低会引发负面情绪。心理学上著名的"踢猫效应"认为，焦虑、浮躁、偏执……这些负面情绪和不良心态本身能够快速传播，而微平台能够加速其影响和蔓延，通过群体效应将其放大为"线上"的群体情绪，进而演变为"线下"的群体性事件。其次，在社会经济活动中，一些"线上"的行为即使尚未突破法律底线，也会对社会道德秩序产生较大影响。例如，活跃于微博之上一呼百应的大"V"，可能通过集聚效应在"线下"谋取现实利益。因此，恪守道德底线至关重要，个体丧失道德的行为，不仅是僭越道德底线、自毁社会资本与社会资源的"自杀式行为"，也是能够通过微平台加速影响的破坏社会道德秩序、善良风俗的行为。

（3）负面掩盖正面

技术革命带来的不仅是传播载体与传播方式的革新，它还使整个社会内容生产的上游环节发生巨变：移动终端与微博、微信等信息传播新媒介的出现，打破了传统的媒体垄断，形成了自媒体与全民媒体，这使得民众获取信息的速度比记者更快捷，促进了信息市场的自由竞争，加速了信息的传播。然而，这种影响既有积极的一面，也有消极的一面。消极影响最直接的表现为信息信度的问题。

信息的力量很容易被低估，移动互联网络技术将即时信息带给民众，使每个个体都能够在任何环境下获取与增长知识。然而，信息的迅度与信度通常呈现反比例关系，迅捷的信息传播往往会带来信息信度的问题。传统媒体时代，信息传播速度较慢，在信息的监管上，官方媒体"强把关"；而微时代，人人都是自媒体，微博、微信等"微平台"由于主观、客观的因素，只能进行弱把关，信息可信度低属于必然，主要表现为：一方面，微博、微信等交流平台的使用造成了信息的爆炸式传播。例如，微博上的一条信息如果被不断转发，它的阅读量是成几何级数增长的，这种庞大的信息量造成信息监管的困难。而微信的交流方式是半封闭式的，信息局限于好友圈内阅读，它的传播方式与微博相仿，朋友圈与朋友圈环环相扣。对于使用者而言，外界无法浏览信息使得交流更为便捷与私密，然而这也形成了信息监管的壁垒。信息监管对象的庞大数量与监管壁垒造成了信息监管缺位，触发了流言、谣言的快速传播。错误的信息积累会形成错误的认知，误导高职学生并影响其世界观、人生观、价值观的形成。另一方面，微平台的篇幅限制造成了信息的碎片化。微博、微信上发布的信息所能够承载的信息量是有限的，如一条微博的文字数量上限为140字，一条微信只能同时发送9张照片，这能够提醒发表者精简语言，凝练信息，在快节奏、高频率的时代，其优势明显。然而同时，完整信息的获取是做出正确判断的基础，过于精简的语言不可避免地导致信息的碎片化。微平台上发布的信息，即使并非虚假，也不完全是真实事件的写照。如微信上常常发布的城管打人事件，有些是真实信息，有些则是欠缺了前后语境关联的碎片化信息，这使得民众容易陷入"眼见不一定为实"的尴尬境地。

信息信度低与微时代的熟人模式相交迭，使得虚假信息与碎片信息能够借助信任的链条加速传播。其对社会秩序的影响力、破坏力较普通传播平台而言，呈现几何级数增长的态势。源于信任又终于破坏信任，成了微时代信息传播的达摩克利斯之剑。

1.3.2 微时代对政治的影响

亚里士多德认为，人依其本性是政治的动物。因此，微时代对政治的影响从根本上说就是对人的影响。

1. 微时代民众的观点表达更加直接

美国政治学家 G. 庞顿与 P. 吉尔认为：政治活动是与对人的集体生活的管理联系在一起的，可见，政治具有公共性和管理性。这种公共性、管理性使得动员大众参加政治活动、结成公共群体成为可能。一方面，在微时代，通过微平台形成群体是容易的。这种群体链接源于共同利益，利益群体对发出自己的声音，聚焦一定的观点并且能让世人知晓的需求又催生了公共群体。另一方面，微时代扁平的话语方式克服了信息漏斗的局限。所谓"信息漏斗"，是指即便一个具有较强语言能力的人，最多也只能传达自己思想内容的80%；一个具有较强理解力的听众，至多能理解他人语言内容的60%，而其中对他人思想的认同度最多能达到40%；如果付诸行动，则行动的内容最多只能占到其认同内容的20%。这样计算下来，一个思想崇高、演讲又具备感染力的人，其百分之百的思想体现于听众行为上的效率，仅仅是微乎其微的1.82%。微平台具有的扁平式交流的特性能够克服信息漏斗的局限，极大增强政治观点传播与接受的有效性。

可见，微时代公共群体的快速生长、民众观点的直接表达都对政府的执政能力、执政水平提出了更高的要求。

2. 微时代民众的政治参与更为便捷

孙中山先生强调，政就是众人之事，治就是管理，管理众人的事便是政治；有管理众人之事的力量，便是政权。政治既然是管理众人之事，那么民众便享有知情权与参与权。

封建社会是人治社会，政治的公开根本无从谈起。中世纪的皇权社会标榜君权神授，是典型的暗黑世纪。民主社会与这些社会形态最为明显的区别就是政治的公开、透明程度。政治民主的核心是用讨论和交换意见的办法来裁决社会上的差别。中国是法治社会，政治公开是根本要求。在微时代，微博、微信等平台助推政治信息、政治事件的广泛传播，互动的沟通方式使得民众参与政治讨论、点评政治事件、评价政府行为可以随时随地地进行。2011 年 11 月，我国首个省级政务微博——北京微博发布厅上线，微博的影响力从民间扩展至官方。之后，两会的微博直播、网友的微博问政渐渐成为潮流与时尚；在微信平台上，无论是国家机关还是地方政府，微信公众账号的开通已经成为趋势。2016 年 1 月，"中央纪委监察部网站"微信号正式开通运行，中纪委也已经通过微信的方式登录民众视野，这让政治监督更为便捷。正如《六度分隔》的作者邓肯·沃茨所言，微时代使得准入壁垒降低，因此个人被赋予了更大的权利，这在政治权利方面表现得更为明显。

在微时代，民众参与政治的便捷性与主动性表明民众的政治主体性空前提升，权利意识日益增强。

1.3.3 微时代对经济的影响

英国著名经济学家琼·罗宾逊在其《经济哲学》一书中提出：任何经济制度都需要一套规则、一种意识形态来为他们辩护，并且需要个人的良知努力去实践他们，这种良知努力正是道德。

1. 形成新的消费方式

众所周知，投资、消费、对外贸易是一个国家推动经济发展的三驾马车。在全球经济并不景气的微时代，中国的内需应成为当之无愧的"头马"。如何创新消费需求，形成新的消费领域，成为中外经济学家热衷的研究方向。毋庸置疑，互联网的形成，已经颠覆了传统的消费观念、消费习惯，它提供给消费者新的消费体验，成功塑造了马云等创业明星，刺激了物流、仓储等相关产业的迅速发展。然而，网络购物平台充斥假货的现象也让如火如荼的网络消费遭遇尴尬。基于这种需要，微时代在互联网的基础上，形成了新的消费方式，这就是所谓的"熟人消费"。以微信为例，微信的封闭性造就了它"熟人性"的特征。朋友圈如同熟人社会，人际关系在一个一个朋友圈中得到扩大、拓展，其中发生的销售、代购等行为，依托"熟人"的信任优势较传统的网络消费行为更直接、更容易被接受，发展也更快。因此，在缺少第三方的监管下，熟人消费促进了信任体系的再造，完成了销售方与消费方的自我管理。同时，微平台能够催生新的投资体，当个体将项目发布于微博、微信等平台之后，朋友圈会筛选感兴趣的项目进行共同投资。可见，微平台不仅为消费搭建了销售平台，也能聚合资金形成投资平台，加强了资金的流动性，刺激了经济的发展。

2. 刺激相关产业发展

（1）相关产业的爆发式增长

在微时代，手机支付、手机银行、手机订车等移动终端的新兴产业商务应用迎来爆发式增长。以2014年的手机旅行预订为例，年度用户增长达到惊人的194.6%。微时代创造了大众的需求，它时刻关注个体本身还未曾注意到的需要并将其转化为服务，这将传统需求导向的思维模式转变为供给导向的思维模式：曾经的市场是企业发现市场需求，从而有针对性地提供服务；微时代是企业行业提供服务创造民众的需求，这种供给侧改革的思维为相关产业的发展提供了智力支持。

（2）传统产业与新兴产业的良性竞争

诚如李开复所言："传统行业每一项都会被移动所影响和颠覆，当然影响颠覆是有顺序的……第一个是因为通过移动得到了巨大的好处，比如说大家用微信了，不用短信了，就是因为它的好处福利变大了很多，所以沟通社交肯定是一个领域。"[①] 当微时代所依托的微平台带来的便捷性、体验性、舒适性远远超越了传统产业后，市场即被创造出来了。以微时代的交通工具创新为例：顺风车、快车、专车不断挤压传统的出租车行业，在街上，抬手打车的人越来越少，预订专车的人越来越多，这已然成为一种时尚。这种竞争使得一向不重视服务质量的传统出租行业开始反思，除了加入叫车平台，其服务态度、服务水平也需要不断提升。可见，微时代对传统产业的刺激彰显了其创新性。

---

① 财新传媒著：《李开复归来》，中信出版社，2015年，第31-32页。

微时代对消费需求的关注促使主体需要的被满足日益成为经济的核心增长点。在微时代，要赢得客户，销售的产品与提供的服务就必须不断创新；要保留客户，必须增加产品与用户的黏度，不断改善用户体验。这提升了民众的主体性意识——只要民众提出需求，该需求就会得到企业的关注，并且不断被满足，需求的被满足进一步促进了主体性的提升，而主体意识的不断觉醒又激发了新的主体需求，这种良性循环刺激了微时代的经济发展。

1.3.4 微时代对道德的影响

道德是古代哲学与伦理思想的基本范畴，支配自然和人类社会的规律。《说文解字》对道的解释为："道，所行道也。"[①] 此处的"所行道"可以理解为途径、方法、措施等；德是对祖先神明的祭祀，引申为顺应自然、社会以及人类发展的规律。老子认为，"道之尊，德之贵也，夫莫之爵，而恒自然也。"[②] 从古代论述可以得出，道德是由实然状态通向应然状态之路，道德本身是自觉的，道德对人行为的规范并非单纯通过强制力得以实现，而是通过自觉性、社会舆论评价，影响人的内心信念，调整人的行为。微时代的道德是古代道德认知的传承与发展，是指现实生活中，由经济关系所决定，以善恶标准进行评价，依靠社会舆论、内心信念及传统习惯维持的，调整人与人、人与社会及人与自然间关系的行为规范的总和。道德内含自我修为之意，具有主体性。

1. 微时代民众的道德意识更加丰富

在现实世界，人们的实践、交往以及由此发生的以利益关系为基础的道德关系具有明显的时空限制，使得道德意识局限于主体所处的狭窄空间中，其内容只涉及单一的或者不太复杂的真实社会关系。人们曾经利用网络加速了道德关系对真实世界时空限制的突破，激发了道德关系的拓展性。

---

① ［汉］许慎撰，［宋］徐铉校定：《说文解字》，中华书局，2013 年，第 36 页。
② 高明撰：《帛书老子校注》，中华书局，1996 年，第 71 页。

然而，在完全虚拟的网络里，道德对象处于随机性与不确定性的状态，这造成了道德关系拓展的无序性。在微时代，道德关系的拓展虽然依旧建构于网络之上，然而，熟人网络嵌套熟人网络的社会资源体系与社会交往特征，促进了道德关系呈现明显的有序性，民众的道德意识在道德关系有序传递与增长的过程中得到丰富。另外，道德在微时代的信息冲击中实现新的觉醒，民众认识到资源共享、互相合作、互惠互利等道德规范的必要性。同时，微时代出现的负面现象反复提醒民众道德义务、道德责任的重要性，启发民众主动思考在新的时代环境中怎样能够成为有道德的人。

2. 微时代的道德律更加关注主体性

涂尔干认为，德育要"用适当的方法去发展或塑造那些一般的性向，这些性向一旦形成即能自行适应人类生活的特定环境"。[①] 在微时代，德育虽然无法穷尽具体道德，但却可以尝试通过对道德原则即道德律的研究开展道德教育。道德律，是指全民认同的行为善恶是非的判断标准，它必然先于道德行为发生，具有强制性、社会性、时代性，其强制性与法律不同。这就是德国著名法学家耶林所说的"法律是最低限度的道德"，违反法律是由国家暴力机关进行惩处，而违反道德律则由社会舆论加以制裁。每个社会都有专属的道德，道德不仅随社会而异，也随时代不同。道德律可以分为两种：一种是与社会团体有关的道德律，另一种是与个人有关的道德律，前者被称为公德，后者被称为私德。私德既包括个人对他人的义务，也包括个人对自己的义务。微时代中，私德被社会放大。这种放大不是只讲私德不讲公德，也不是在私德和公德冲突时毫无例外要求取私德，而是将人们曾经避而不谈的私德予以公开，公平讲述、公正探讨。以现行的道德标准是否为社会大众所赞成做归纳与推演，这种归纳、推演本身就是关注主体性的彰显。

微时代，"微民"的意见被重视并逐渐作为社会道德标准的评判基础，这是道德理念的颠覆。例如，在推崇集体主义的计划经济时代，提出个人

---

① Emile Durkheim, Moral Education. New York:Free Press. 1961，P 21.

需要或者个人利益的行为都被认为是不道德的。在微时代，个人利益早已被载入宪法加以保护，个人需要成为关注焦点，个体地位被认可与尊重，这已经没有不道德可言。檀传宝教授认为，只有使个体作为类的主体站在与类相同的角度，德育才能使其顽强的疏远性得以克服，讳言功利、只讲片面的牺牲与奉献是德育的病态。[①] 公德与私德的区分与发展，正是民众主体性被不断放大的过程。

微时代，民众的政治诉求更为丰富，用户体验要求更高，个体价值愈发彰显，社会传播呈现全球、亲民的传播特征；社会交往呈现互动、扁平的沟通形态；社会关系呈现积极与消极、正面与负面交互影响的复杂形势。微时代，在放大主体需求、强调主体地位的同时，改变了德育环境，不仅为高职德育带来了机遇，也带来了挑战。

---

① 檀传宝：《论德育的功能》，《中国德育》2008 年第 9 期。

第 2 章

微时代高职院校德育
模式的主体性选择

　　微时代作为一个新的时代，直接影响整个社会存在，进而影响人类生存、活动和创造的各个领域。从宏观层面来看，微时代改变了经济、政治、道德标准；就微观层面而言，微时代颠覆了民众的思维方式、生活习惯。正如《哈佛商业评论》前执行主编尼古拉斯·卡尔所言，微时代改变了内在，改变了我们的思想，它带来的是更私人的改变，我们跟其他人沟通方式的改变、我们思考方式的改变、我们观察世界方式的改变。可见，微时代改变了德育环境，影响了德育教育主体、受教育主体、德育方式等要素，高职院校德育模式应当据此进行建构。结合微时代的主体性本质、高职德育的现状、高职学生的特点，德育模式的建构应当以主体性的选择为方向。

2.1 德育与德育模式

　　德育是一个世界性命题，对于德育理论与实践的探究自教育诞生之日起就从未停止。作为联结理论与实践的德育模式，其模型的建构、类型的划分等都是学界重点研究的领域。

2.1.1 德育的界定

从受教育者的角度来看，德育有广义、狭义之分。广义的德育是指对社会成员施加的有目的、有计划的影响活动，狭义的德育仅指对学生开展的德育活动。本书的研究限定于"高职院校"之中，主要涉及对学生进行的德育。

作为培育学生的道德品质和道德行为的教育，德育自古以来就是育人之重，古今中外，概莫能外。先秦《素书》有言："先莫先于修德，乐莫乐于好善。"① 在西方国家，洛克于 1683 年与其友人讨论教育问题的通信中就曾将教育内容划分为健康教育、道德教育、学问教育，虽然并未对德育进行明确定义，但朴素的德育思想依然彰显了德育的重要地位。德育这一概念明确产生于 18 世纪，康德对德育的解释为：遵从道德法则、培养自由人的教育。20 世纪初，德育传入中国。1912 年，蔡元培先生提出的著名的"五育并举"思想，就包含公民道德教育。

"德"不可能自然形成而需要"立"，"人"不可能自发成才而需要"树"。"立"，就是培育、修养、践行之意；"树"，就是培养、造就、锻炼之意。"立德"是为了"树人"，而"树人"首先要"立德"。② 党的十八大报告明确提出，要把立德树人作为教育的根本任务。《国家中长期教育改革和发展规划纲要（2010—2020 年）》强调"要坚持德育为先"③。德育的重要性在政策性文件的表述中可见一斑。

1. 关于德育的理论研究

（1）德育的定义

对于德育的定义，学界的论述多样，有学者按照逻辑学的规则，借用概念 = 种差 + 临近的属概念的公式，将德育定义为"培育人的品德的教育

---

① ［汉］黄石公著，王婧编：《素书》，武汉出版社，2010 年，第 38-39 页。
② 陈勇、陈蕾、陈旻：《立德树人：当代大学生思想政治教育的根本任务》，《思想理论教育导刊》2013 年第 4 期。
③ 《国家中长期教育改革和发展规划纲要（2010—2020 年）》，2010 年 7 月 8 日。

活动"[1]。还有学者认为德育是"教育者按照一定社会或阶级的要求，有目的、有计划、有组织地对受教育者施加系统影响，把一定的社会思想和道德转化为个体的思想意识和道德品质的教育"[2]。

（2）德育的本质

我国关于德育本质的研究出现于 20 世纪 80 年代，早期偏重于社会规范的转化，这与我国当时的政治环境、经济背景息息相关。21 世纪以来，学界越来越强调德育是实践理性，德育的本质是人在其主体性同步于时代发展变化的基础上所进行的道德的自主建构。因此，结合微时代背景开展德育既是德育时代性、创新性的要求，也是增强德育吸引力、说服力的要求。

（3）德育内容的构成

对于德育内容的构成，学界争议的焦点集中于广义与狭义的界定标准：广义德育采用三分法，认为德育内容由政治教育、思想教育、道德教育构成。其中，道德教育是个体生存的第一需求，解决的是如何做人以及如何与人相处的问题；政治教育是国家生存的第一需求，解决的是民众支持与拥护公权力的问题；思想教育解决的则是个体世界观、人生观、价值观的形成问题。而狭义德育仅指其中的道德教育。

（4）德育的形态

德育的形态是指德育的形式与状态，不同维度的理解设定了不同的德育形态划分标准：檀传宝按照德育的发展历程将德育的历史形态界分为习俗性德育、古代学校德育、现代学校德育三种[3]，这彰显了德育具有对传统文化继承、演变、发展的特性。刘惊铎、张弛从社会发展的角度认定网络社会是一种崭新的德育形态，应挖掘网络的健康文化陶冶价值[4]。对于德育形态的研究，有利于德育价值的挖掘与德育适应性的提升。

---

[1]　张忠华：《德育本质研究与反思》，《江苏大学学报（社会科学版）》2010 年第 9 期。

[2]　车美娟：《从哲学视角看高职德育与智育工作的共同发展》，《教育与职业》2009 年第 27 期。

[3]　檀传宝：《德育形态的历史演进与现实价值》，《教育研究》2014 年第 6 期。

[4]　刘惊铎、张弛：《网络社会：一种崭新的德育形态》，《中小学德育》2013 年第 11 期。

本书对德育的界定采取广义德育的标准，即德育是指有目的、有计划地引导与影响受教育主体的政治、思想、道德的教育活动，其内容涵盖政治教育、思想教育、道德教育。具体德育内容的设计主要围绕这三部分展开。

2. 德育与思想政治教育的异同

思想政治教育这一概念出现的时间比德育要晚，其从诞生之初就具有鲜明的政治性。从 1847 年马克思、恩格斯提到的"宣传工作"到 1957 年毛泽东在《关于正确处理人民内部矛盾的问题》中使用的"思想政治教育"，再到 1984 年思政教育学科的正式建立，思想政治教育的概念形成是伴随无产阶级革命和中国特色社会主义建设不断发展起来的。无论是宣传工作、政治工作、政治思想工作，还是思想政治教育，虽然在概念上、侧重点上有所不同，但是在内涵上有着紧密的联系，其工作的对象都是"人"。思想政治教育的概念可以界定为社会用既定的政治主张、思想观念、道德规范，有目的、有计划地对其成员施加的影响，使之形成符合社会要求的思想品德的实践活动，其内容是以政治教育为重点的，以思想教育、道德教育和心理教育为辅的综合。[①] 可见，德育与思想政治教育在内容上非常相近，正如张耀灿教授所言：在当代中国，思想政治教育本质上即德育，亦即政治教育、思想教育、品德教育。[②]

田心铭教授对于教育者研究方法的论述颇有深意："以马克思主义为指导，从中国实际出发，是我们研究任何问题都应该坚持的方法论原则。"[③] 德育研究也是如此。本书之所以选择"德育模式"而非"思想政治教育模式"作为论述的基本概念，绝非只为与西方说法接轨，还有一些深层次的考量：第一，德育模式是一个固定概念与搭配。第二，对于传统文化的追根溯源而言，德育显然更为便利和明确。第三，政治性是思想政治教育的本质属性，

---

① 陈秉公著：《思想政治教育学原理》，高等教育出版社，2006 年，第 9 页。

② 张耀灿等著：《现代思想政治教育学》，人民出版社，2006 年，第 202 页。

③ 田心铭：《简论思想政治教育的目的、培养目标和教育内容》，《思想政治教育研究》2011 年第 6 期。

微时代高职学生习惯了微平台上随意的话语方式，政治性的表述会让其产生天然的距离感。思想政治教育当然不能去政治化，却可以"隐政治化"，德育用学生更易于接受的表述形式承担了相似于思想政治教育的内容，有利于学生主体性的激发、主体性道德人格的培养。第四，思想政治教育这一定义的社会性价值明显，德育的表述则更侧重于主体性价值的探究，这与本书"微时代"本质与时代精神的契合度更高。

2.1.2 德育模式的界定

1. 德育模式的含义

模式在《辞海》中的解释为：事物的标准样式，即"人们依据一定的思想观念或理论在认识、理解和解决特定事物或特定问题时所确立的策略、方式方法、规则、程序等的理论框架"[①]。

自 20 世纪 60 年代以来，对模式问题的研究引起了学界对于德育模式的广泛关注。一些学者认为，德育模式是指建立在一定德育理论基础之上，经长期德育实践形成的，为了实现德育目标而建构的较为稳定的程序、结构及实施体系，"由理论指导、活动的结构与程序、实施原则、操作要领等诸因素统一结合构成的德育活动形式。"[②] 还有学者将德育模式描述为在德育理论的指导下，在长期的德育研究及实践中形成的一种相对稳定的系统化的"德育模型"，既包括论述主体在道德上是如何发展的理论或观点，也包括促进道德发展的一系列方法或原则。[③] 虽然德育模式具有方法论特征，但理查德•哈什认为其有别于德育理论、德育方法、德育方式与德育计划，是定型化的德育活动结构及实施策略。

德育模式包括两种表述方式：一种是将其视为完整的理论系统，认为德育模式是在德育实施过程中，道德理论与德育内容、手段、方法、途径

---

① 赵新燕著：《思想政治教育和谐模式构建研究》，中国文联出版公司，2009 年，第 31 页。

② 杜爱森：《关于德育模式的理论探讨》，《理论探索》1996 年第 2 期。

③ 刘黔敏：《美国德育模式探析》，《四川行政学院学报》2001 年第 4 期。

的某种组合方式，或者说是由德育理论系统、目标系统、内容系统、评价系统和操作系统所有机构成的完整系统。另一种是淡化"定型"的概念，将德育模式界定为针对特定情境进行理论分析、设计教育措施的方式，如汪凤炎对生活德育模式的阐释。此种表述方式存在的关键问题是：道德的复杂性和变化性使得特定情境的设定无法穷尽实际的道德课题。因此，本书选择第一种德育模式的表述方式作为论述基础。

2. 德育模式的特征

德育模式是动态的、循环的、可操作的，然而其最为重要的特征还是联结性，即德育模式是理论与实践的联结，它既有助于我们理解道德教育，又有助于我们实施道德教育。一些学者认为，德育模式是德育思想与德育实践的中介和桥梁，因而其既非纯粹的理论研究，也非单纯的实践经验，是理论的简约化形式，是从理论到实践的中介形式。依据 JP 基夫的观点：教育领域中的模式不能完全与自然科学的模式作同等理解，它的构建与实施并非纯粹是建立在假说—演绎之上的逻辑证明，更多的则是基于教育实践的理解。

鉴于德育模式本身的联结性，从实践经验出发进行模式的建构尤为重要。正如朱小蔓教授所言，德育模式是从大量教育实践经验中所筛选提炼的有意义的活动类型与操作样式，因此德育模式具有典型的实践性特征，这表现为：第一，人类认识世界和改造世界需要依靠实践活动，实践需要理论指导。因此，能够充分将理论与实践相联系的德育模式应责无旁贷地承担起德育认识时代环境并反作用于时代环境的重任，即德育模式的建构应充分体现时代性。第二，德育模式的建构应当坚持立足社会实践；坚持明"理"与行"礼"的文化传统；坚持符合青年群体的亚文化特征，通过对学生主体和实践问题的关注，实现德育基础理论和模式研究的"本土化"。

综合德育模式的内涵、特征与表述方式，本书对德育模式的定义为：在德育理论的指导下，经长期德育实践形成的，为了实现德育目标而构建的，包含德育主体、德育内容、德育途径、德育方法、德育评价等要素在内的具有动态性、循环性，能够自我调整、自我发展的系统化模型。

2.1.3 德育模式的类型

德育模式的类型是德育模式研究的重要方向，我国与西方国家现存的多种主流德育模式类型都建基于较为深厚的理论基础与实践经验，对于高职院校德育模式的建构而言，有着重要的借鉴意义与参考价值。

1. 国外德育模式类型

德育模式在西方的研究历史较为久远，理查德·哈什等所著的《道德教育模式》一书中对西方主流德育模式——道德认知发展模式、社会学习模式、人本主义德育模式、价值澄清模式、体谅关心模式有着详细的论述。

（1）道德认知发展模式

该模式主张道德教育的关键是发展儿童的认知判断能力，并将儿童道德判断力的发展划分为三个水平六个阶段，强调道德教育要遵循阶段发展规律，其中，主体性层次是道德认知发展的必经阶段。道德认知发展模式的代表人物柯尔伯格认为，理性与道德思维构成了道德教育的基础，道德认知的发展有赖于道德判断力和逻辑思维能力的提高，道德发展是认知发展的一部分；他同时强调，如果道德发展的确通过这一自然的阶段顺序，那么，我们的方法就是把道德教育的目的界定为刺激向下一阶段的发展，而不是灌输那些特定学校、教会或国家的固定的习俗。[①]

（2）社会学习模式

该模式的代表人物是班杜拉和米切尔。他们认为，人并非单纯的外部影响的反应者，而是组织或转变着作用于自己的外部刺激。人的品德发展需要观察并习得替代性经验，在奖惩制度的约束下，人们能在社会生活中有效控制自身行为。这种观察学习的直接表现是榜样示范，以各行各业中的师徒关系最为典型：学徒在师傅的引导下，在观察、演练中学习技艺，在过程中激发动机促进学生品德发展。社会学习德育模式渊源之一是行为

---

① Kohlberg,L.&Turiel,E.,"Moral development and moral education". In Psychology and Education Practice. 1971, P14.

主义，强调人的自我调节能力的地位，个体参与、自主性认知、内部归因都是自我调节能力的重要体现。

（3）人本主义德育模式

人本主义德育模式根植于自然人性论之中，形成基础是人本主义学习观，该模式的核心解读为：当代的德育模式、德育方法呈现出明显的人本化趋势，即以学生为中心，尊重学生的人格尊严，关注学生的生存、发展，其代表人物是罗杰斯和马斯洛。马斯洛认为，德育是为了培育完美人性；罗杰斯认为，德育是为了培育充分发挥作用的人，二者实质是同义语。人本主义德育模式主张人生来就有自我实现的内在趋向，德育只有尊重人的需求，施以合理教育，才能使人获得充分发展、成为健全有效能的人。

（4）价值澄清模式

价值澄清模式的产生具有深刻的历史背景和社会根源。以路易斯·拉思斯为代表的价值澄清学派认为价值产生于个人的经验，个体经验的变化使得价值处于不断变化的过程之中，这是道德相对主义的表征。因此，价值观无法作为某种固定的价值观点或者统一的标准传授与灌输给学生，而是应当尊重受教育者的主体地位，在德育活动中不断发展学生的道德意识、道德判断与道德选择的能力，教育学生能够分析与辨别不同的道德价值。

（5）体谅关心模式

该模式认为道德教育应当能够帮助学生处理好自己与他人的关系，只有学生形成从别人的观点和立场出发考察自己的道德行为的习惯，才能发展成为有道德的社会公民。因此，品德结构中最为重要的是发展"关心和体谅别人"的品格。体谅关心德育模式的代表人物——英国教育学家彼得·麦克菲尔认为，道德情感的培养是德育的首要的和中心的问题，关心和体谅人的品性，是道德的基础，德育的目的就是增强学生付出爱和接受爱的能力，体谅关心德育模式需要围绕体谅和关心他人设计德育过程，通过角色扮演培养学生的道德情感。[①]

上述德育模式类型虽然建基于不同的理论基础，构建了不同的德育策略，但都致力于解决德育理论、实践中的具体问题，因此存在一些共同特征：

第一，注重培养学生的道德判断能力，反对硬性管束，崇尚自由，注重个性发展，认为行为主体的自主与自觉是道德存在、发展的前提性条件，缺少主体自觉主动的参与就不可能有道德的真正发展。

第二，注重从多学科整合的视角寻求理想的德育模式，例如，从哲学、政治学、社会学、心理学中汲取理论观点，作为构建德育模式的理论支撑。柯尔伯格认为，对其理论产生主要影响的有苏格拉底、柏拉图、康德、罗尔斯、哈贝马斯、杜威、皮亚杰、鲍得漫、麦独孤等人的观点，这些代表人物来自诸多研究学科和研究领域，他们对于德育模式的影响恰恰彰显了德育模式的复杂性与复合性。

第三，注重实践研究。

上述德育模式类型均为研究者潜心实践的成果。无论是柯尔伯格还是拉思斯都曾俯身德育一线，通过几十年的实证研究、实践调查，才形成了较为完备、严密的德育模式类型，这也是此类德育模式能够经久不衰的重要的实践基础。

2. 国内德育模式类型

德育模式的研究起于西方，在我国的时间并不长，成果却较为丰硕：出现了上世纪末和 21 世纪初两个研究高峰。范树成将我国当代的德育模式分为以下五类：突出德育目标或内容的德育模式，突出德育策略与方法的德育模式，突出德育途径的德育模式，突出学生主体性或师生关系的德育模式，突出综合性的德育模式，这是以对德育模式构成要素的关注程度为标准所进行的分类。无论德育模式的侧重点与分类标准如何，我国较为主流的德育模式都可以概括为以下六种：活动德育模式、生活德育模式、生

---

① 范树成、李海：《当代西方国家德育模式与方法的人本化趋势》，《外国教育研究》
2006 年第 10 期。

命德育模式、欣赏型德育模式、对话性德育模式以及主体性德育模式。

（1）活动德育模式

活动德育模式主张"在活动中通过活动而且为了活动"①，强调活动既是德育内容、德育形式，也是德育目的。其关键词"活动"是指具有道德教育意义或功能的个人外部活动，或者影响个人道德意识、道德行为，调节人际关系的外部活动。② 活动德育模式的代表人物戚万学认为，活动既是个体道德形成、发展的根源与动力，也是学生自我教育的真正基础，道德的实践性本质决定了道德教育具有强烈的实践特征。因此，应当将活动课程作为道德教育的主导性课程，主张学生通过主动参与活动加深对道德规范的认识，促进道德习惯的养成。③

（2）生活德育模式

汪凤炎认为生活德育模式是指"按照生活即德育的理念来育德的模式"④，即试图通过生活德育培养身心健全的人。该模式以自我教育为根本出发点，关注人的现实生活需要，其特征为生活性、实践性、过程性。生活德育模式的重要理论来源是陶行知先生的德育生活化理念，强调将道德教育深深地扎根于生活的土壤，将德育与受教育主体的日常生活、学习生活、集体生活相融合，用生活、活动本身对受教育主体进行积极引导，以启迪其自主建构道德经验，提升道德水平。也有学者从道德建构的角度界定生活德育模式，认为"在生活世界中，通过生活方式，引导个体生活及对美好生活的追求，从而使德育过程成为受教育主体自主生成、自我建构的过程"⑤。生活德育模式强调教师在"以学生为本"的思想指导下，

---

① 戚万学、唐汉卫主编：《学校德育原理》，北京师范大学出版社，2012年，第252页。

② 袁洁：《试论德育活动类型及其功能的发挥》，《教育与教学研究》2012年第7期。

③ 戚万学：《活动道德教育模式的理论构想》，《教育研究》1999年第6期。

④ 汪凤炎著：《德化的生活——生活德育模式的理论探索与应用研究》，人民出版社，2005年，第54页。

⑤ 刘铁芳：《面向生活，引导生活——回归生活的德育内容与策略》，《教育科学研究》2004年第8期。

有目的、有计划地引导学生在生活实践中自觉遵守品德规范。

（3）生命德育模式

刘慧认为，生命德育模式是指"在生命世界中，生命与生命之间是平等的，每个生命都是独特的，都是一个丰富的世界，生命本身就是最佳的道德学习与道德教育资源"[①]。因此，当人与人之间以生命相对时，每个生命都应当获得平等的尊重，无论生命处于怎样的状态，都是成长中的经历、体验积淀而成的。叶澜教授、朱小蔓教授都是生命德育模式的积极研究者与实践者。叶澜教授认为："人是一种能够反思自身存在而且能够创造自身的存在方式。"[②] 通过实践，人由无建设性的存在转变为有建设性的存在，这使得生命成为不断成长的事业，而不仅仅只是生命的过程。

（4）欣赏型德育模式

檀传宝是欣赏型德育模式的代表人物，他将欣赏型德育模式界定为"希望内在地借鉴审美精神，以实现'解放教育对象'和'提升教育对象'双重教育使命相统一的目标的德育实践模式"[③]。欣赏型德育模式建构于德育美学观的基础上。檀传宝将德育美学观分为"审美育德论""立美德育论""至境德育论"。这三种理论有着相同的基本假设：如果道德教育的内容与形式可以被描述成一幅美丽的画、一曲动听的歌，那么与这幅画、这首歌相遇的人就能够通过"欣赏"自由地接纳这幅画、这首歌及其内涵的价值。[④] 因此，欣赏型德育模式的目标应当定位于"让道德学习在欣赏中完成"。

（5）对话性德育模式

该模式的代表人物聂荣鑫认为，教育主体与受教育主体之间通过精神上的交流达成德育共识，实现道德判断能力的发展，从而促进双方道德观念发生更高层次变化的德育模式即为对话性德育模式。对"对话"的关注，

① 刘慧：《论德育的生命叙事模式》，《中国德育》2006 年第 4 期。

② 叶澜著：《立场》，广西师范大学出版社，2008 年，第 55 页。

③ 檀传宝：《欣赏型德育模式建构研究》，《中国德育》2008 年第 11 期。

④ 檀传宝：《欣赏型德育模式建构研究》，《中国德育》2008 年第 11 期。

能够弥补传统德育的缺失，对于当前德育的发展具有重要意义：首先，对话性德育模式注重对话内容与生活世界之间的联系，强调教育只有对学生在生活意义上进行引导，才能使学生的精神得到成长；其次，德育对话注重理解的重要性，反对单纯的灌输说教，强调经过理解的德育内容必然形成师生精神结构的重组，使德育意义能够被更加深刻地理解；最后，德育对话是人与人之间的对话，而非人与物之间的关系，主张师生面对面的相遇与平等的交流。①

（6）主体性德育模式

主体性德育模式是以师生互动为基础，以主体性原则为基本原则，以培养学生的道德能力为目的，以培育和优化学生道德接受机制为核心的德育模式。该模式的代表人物万美容认为，德育的目的不是培养工具，而是将受教育者作为主体，建构其丰富、全面的主体性。② 这既是世界教育改革的现状和趋势，也是中国高等教育尤其是高职德育改革的基本方向。

当然，还有一些现存的德育模式此处并未提及，如学会关心德育模式、实践德育模式、体验德育模式等。这并非笔者疏漏，而是这些德育模式与上述六种主流德育模式存在同质性或者包含与被包含的关系，因此本书着重描述以上几种德育模式。

我国的主流德育模式类型具有一些共同特征：第一，契合时代性与社会性。时代性与社会性是当代德育模式的环境背景，德育模式建构时需要对其做出回应。第二，突出主体性与发展性。主体性与发展性是当代德育模式的精髓，任何类型的德育模式都无法回避这一问题。第三，注重情感性与体验性。情感性与体验性是当代德育模式实施过程的显著特征。第四，强调活动性与实践性。班华认为，德育模式已从纯粹的学术建构走向跨越理论与实践界限的实践运动。③ 因此，应当采用以实践叙事为主体的结构进行德育模式

① 聂荣鑫：《走向对话：一种新的德育模式》，《思想·理论·教育》2002年第2期。

② 万美容：《论主体道德教育模式的基本特征》，《党建》2001年第10期。

③ 班华、薛晓阳：《新时期我国德育模式研究的理论特征》，《北京大学教育评论》2004年第1期。

的研究。第五，以问题为导向。所有的德育模式在建构时都是以问题为导向的。例如，价值澄清模式是在灌输式德育模式已经引起学生逆反，从而无法适应社会对人才的培养需求的情况下产生的；欣赏型德育模式是在德育缺少美感、缺乏生动的教育方式之时应运而生的……以问题为导向能够更好地体现德育模式理论联结实践的特性。

3. 我国高等职业院校德育模式类型

2015 年 5 月，全国高等院校共计 2845 所，其中高等职业院校达到 1334 所，在校生 1000 余万人，总量占到高等教育的一半。联合国教科文组织于 1997 年修订的《国际教育标准分类法》将高等职业教育划归为高等教育范畴中的"职业定向"类型[①]。自此，我国高等职业教育姓"高"还是姓"职"的问题成了高职教育发展过程中的重要问题。国家职业教育研究院徐平利教授认为，即使大学培养直接服务于社会的高技能人才，大学教育也不能等同于企业培训，因此高职院校绝不能放弃"人格独立、学术自由"的大学精神；与此同时，高职院校需要的大学精神更为具体化，更具职业性，应当围绕技术应用、学生职业能力的培养来开展教育活动，即在共同的职业伦理和社会责任感中，在实用主义教育哲学的基础上，建立一种产教融合、工学结合的合作精神。[②] 可见，高等职业教育既具备高等教育的共性，也具有职业教育的特性，它的发展轨迹不同于普通高校，无论是政府的顶层设计，还是行业、企业的实际参与，高职院校都遵循特殊的发展规律，这也体现于德育模式的建构过程中。在学术领域，高职教育对德育模式类型的研究并不多，且主要集中于以下两个方面：

（1）借鉴较为成熟的德育模式

直接运用已经成熟的国内外德育模式理论构建高职德育模式的方法，对理论研究本身较为薄弱的高职院校来说具有相当的借鉴意义，便于论述，便于理解。目前，这种借鉴主要集中于两种模式：

---

① 《国际教育标准分类法（1997）》（ISCED1997），1997 年 10 月。

② 徐平利：《什么是高职院校的"大学精神"》，《高等工程教育研究》2008 年第 6 期。

第一，对价值澄清模式的借鉴。赵爱芹在《高职德育模式的新探索——价值澄清法》中借鉴价值澄清法对高职德育模式提出了探索性建议，主张改造传统的道德灌输，反对教师直接将现成的道德观念教给学生，认为应当通过价值澄清策略传授给学生澄清自身价值的方法以及自我评价、自我指导的能力，形成适合自己的价值观体系与适应社会生活的能力，同时，帮助学生通过实践将能力转化为行为。

第二，对生活德育模式的借鉴。胡孝四在《论基于校企合作和生活德育的高职德育模式创新》一文中提出：高职德育乃至整个高校德育目前存在的问题可以简单地概括为脱离生活、缺乏实效，表现之一是德育目标脱离实际，德育内容严重脱离学生生活、社会生活。因此，他认为，"校企合作、工学结合有助于通过实践培养学生的职业技能，有助于德育回归生活，提高学生的道德素质。"[①] 因此，他将生活德育模式的原理聚焦于高职教育的校企合作上。任君庆的"学工交替"德育模式也是建构于生活德育模式的基础之上[②]，"工"指学生的工作实践、生活实践；"交"是指用理论指导实践，在实践中丰富并发展理论的方法和手段；"融"是德育模式的目标，即注重道德教育、生活实践的融合，使道德回归社会，将德育寓于生活。

（2）构建经验型德育模式

朱曦在《学校德育模式及其建构方法》一书中提到：德育模式是一种联系与融通观念理性与经验理性的中介理论。因此，以高职院校本身的德育经验而构建的"校本德育模式"，确实如班华先生所言具有"学校德育重新获得自我赋权能力的巨大意义"，然而也容易陷入经验本位的窠臼。这种经验型德育模式主要包括两类：

第一，"崇德尚能"德育模式的构建。崇德，出自《论语·颜渊篇》：

---

① 胡孝四：《论基于校企合作和生活德育的高职德育模式创新》，《教育与职业》2011年第27期。

② 任君庆：《"学工交替"模式研究——宁波职业技术学院的经验》，《宁波大学学报（教育科学版）》2004年第5期。

"子曰：'主忠信，徙义，崇德也。'"[①]　崇德是指崇尚并发扬完美的道德品性；尚能是指关注高等职业院校学生能力的培养，重视学生素质的全面提高。[②]崇德尚能德育模式确实突出了高职院校的职业性与实践性，然而，此种德育模式更类似于高职院校的校训，既缺乏建构的理论基础，也欠缺德育模式的构成要素。

第二，效能德育模式的构建，是指将"效能"理念贯穿于德育工作的全过程[③]，　以有限的德育资源，较低的德育成本实现德育效果的最大化。例如，张民堂建构的"六环"德育模式[④]　即为典型的效能德育模式。该模式主张在发挥德育课堂的主渠道作用的基础上，创建"课堂＋平台＋论坛＋基地＋活动＋网络"的六环相交叉的德育效能模式，强调对于高职学生应知、应会的基本政治理论与道德规范的教育，借此提升高职院校德育的效能与科学化水平。效能德育模式具有一定的实践指导性，但过于关注效能的结果必然会忽略德育过程，同时，理论建构不充分的问题也依然存在。

通过对高职院校德育模式的研究，我们　可以发现，目前我国高职院校德育模式的构建主要存在重视共性、忽视个性与重视个性、忽视共性两方面问题：

一方面，模式的建构重视共性、忽视个性。规律是事物发展过程中固有的，能够反映事物本质联系与必然趋势，即反映横向联系与纵向发展的内在规定性，而高职德育模式在借鉴较为成熟的德育模式时，往往局限于科学主义的狭隘理解，忽视高职教育的特殊规律。这种简单借鉴缺少了与时代特征、高职学生特点的融合，缺乏创新的品质。因此，在解决高职院校德育模式应用中遇到的实际问题时，容易陷入求而不能的尴尬境地。

另一方面，模式的建构重视个性、忽视共性。有学者认为，多数高职院

①　杨伯峻、杨逢彬注译：《论语》，岳麓书社，2000 年，第 110 页。

②　施静龙：《"崇德尚能"高职德育模式研究》，华中师范大学硕士论文，2007 年。

③　查广云：《高职"效能德育"模式初探》，《教育与职业》2006 年第 20 期。

④　张民堂：《以效能为先，创新高职思政教育实效》，《中国教育报》2009 年 8 月 31 日。

校是在操作层面思考德育模式的建构，成果质量不高，参考价值不高。^① 这确实是目前我国高职院校德育模式构建中存在的核心问题，有其独特成因：首先，与研究型大学不同，高职院校以培养高素质劳动者和技术技能人才为目标。人才培养的应用型特征过分强化了教育教学的实用性，限制了高职教育包括高职德育各项研究的开展。因此，德育模式的建构过程中存在偏重实践、缺少理论探寻品质与理论研究精神的问题，容易陷入纯粹的德育实际工作之中。其次，高职院校发展时间短，理论积淀薄弱，存在对德育模式经验主义的泛化理解。从一校工作实践出发构建的德育模式具有很强的特殊性，这些个性特征在研究中被放大，造成高职院校德育共性的被掩盖甚至被淹没，这与"模式"做标准、做规范的本义相去甚远。同时，对于自身特殊性的过度关注也难免陷入就事论事的泥沼，使得德育模式的推广意义不足。

陶行知先生认为，"我们道德上的发展，全靠着遇了困难问题的时候，有自己解决的机会，解决了一个问题就长进了一层判断的经验，问题自己解决得愈多，则经验愈丰富。"^② 德育正是如此：高职德育模式存在的实际问题构成了其调整与创新的内部动力，也构成了主体性选择的前提。

2.2 主体性德育模式的界定

20世纪90年代以来，源于"对学生主体地位的反思"这一学术命题的主体性教育研究得以迅速发展。建基于此的主体性德育和主体性德育模式也经历了争议、建构、调整、创新等一系列过程。

2.2.1 主体性的含义

1. 主体性的界定

主体性是哲学的重要范畴，在本体论意义与认识论意义上有着不同的界定与表述。

---

① 刘巍：《德育模式研究综述》，《新课程研究》2013年第12期。
② 《陶行知全集》第1卷，四川人民出版社，1991年，第28-32页。

（1）本体论意义上的主体

本体论意义上的主体是指属性、关系、状态等的基质和承担者，类似于哲学中的"本体"概念，是对事物本源的探讨。[①]　然而人的主体性并非一开始就被承认，在人们还未能认识自然规律的原始社会，在存在奴役、剥削的奴隶社会、封建社会，人们感受到的更多的是客体性。主体性是西方中世纪以来反抗宗教神权的产物，自启蒙运动之后以人的自我意识和自由权利为代表的主体性学说开始取代宗教神权对人性的压抑，人的主体性逐渐觉醒。随着时代的发展、社会环境的变化，主体性理论日益占据了主流地位：最早提出主体中心论的是笛卡尔，他在《方法论》中指出，自我是一个实体，其全部本质是思想，不依赖于任何物质性的东西便可以存在。黑格尔则认为，只有在主体中"自由才能得以实现，因为主体是实现自由的真实的材料"[②]。自由和解放是人的主体性的代名词。康德与黑格尔的思想方法虽然很不相同，但都强调主体的重要性，以及主体完善的可能。同时，康德认为，主体性总是试图摆脱一切对自身的限制，上升为唯一纯粹的自我决定的自由理性而存在，在任何时候，个体的行动都要将自己人身中的人性和他人人身中的人性同样看作是目的，不能只看做是手段。因此，康德呼吁人应为自身立法。[③]　康德对主体性的论述构成了西方近现代主体性思潮的重要内涵。

（2）认识论意义上的主体

认识论意义上的主体是指认识活动和实践活动的承担者，是与认识和实践的客体相对应、相关联而获得其规定性的，具体来讲，就是指从事认识活动和实践活动的人，包括个体、社会集团以至整个人类。[④]　本体论意义上的主体转向认识论意义上的主体，使人真正开始思考人"为什么能够认识""能够认识什么"这样的问题，这时人不再只是相对于物质世界存

① 张天宝著：《主体性教育》，教育科学出版社，1999 年，第 17 页。

② ［德］黑格尔著，范扬、张启泰译：《法哲学原理》，商务印书馆，1961 年，第 111 页。

③ 王一春：《主体性德育的悖论与转换》，《教书育人》2009 年第 15 期。

④ 张天宝著：《主体性教育》，教育科学出版社，1999 年，第 18 页。

在的自然主体，而是相对于客体存在的理性主体。马克思主义哲学深化了对主体认识论的理解，主张主体性并非是本体论概念，而是一个认识论命题。认识论维度中的主体是有自觉意识和实践能力的人，需要承担认识活动和实践活动，它是与客体，即人所要认识和改造的客观事物相对应的概念。自从活动着的人作为主体同客体分化之日起，便有了人的某种主体性，主体性是人与动物相区别的根本标志。

马克思主义哲学蕴含着丰富的关于"人的主体性"的思想理论，1845年，马克思在其著作《关于费尔巴哈的提纲》中进行了这样的表述："从前的一切唯物主义（包括费尔巴哈的唯物主义）的主要缺点是：对对象、现实、感性，只是从客体的或者直观的形式去理解，而不是把它们当作感性的人的活动，当作实践去理解，不是从主体方面去理解。"①

我国传统文化中很早就有关于人的主体性的探讨，《论语·雍也篇》中记载孔子的思考："夫仁者，己欲立而立人，己欲达而达人。"② 这是从人的社会性理解人的主体性。《中庸》中记载："是故君子戒慎乎其所不睹，恐惧乎其所不闻。莫见乎隐，莫显乎微。故君子慎其独也。"③《论语·学而篇》中记载："曾子曰：'吾日三省吾身。'"④ "慎独"与"日三省吾身"均是充分开发人的主观能动性的早期表述。

古代诸子百家从个体、群体、国家的不同角度强调主体性，儒家认可群体主体性，主张管理百姓应当依靠"礼治"与"王道"；法家认可国家主体性，崇尚"法治""霸道"；道家对个体主体性最为看重，认为"物物而不物于物"，即个体能够支配物又不为物所累，但其放弃现实努力、消极出世的态度，又表明其实践中主体性的缺失。

2. 主体性的内涵

主体性是人的根本特性，是指人作为活动主体在对客体的作用过程中

---

① 《马克思恩格斯选集》第 1 卷，人民出版社，2012 年，第 133 页。
② 杨伯峻、杨逢彬注译：《论语》，岳麓书社，2000 年，第 56-57 页。
③ ［东周］子思原著，黎重编著：《中庸》，中央编译出版社，2011 年，第 7 页。
④ 杨伯峻、杨逢彬注译：《论语》，岳麓书社，2000 年，第 2 页。

所表现出来的主体地位、主体能力和自我意识以及人作为主体所具有的各种功能属性的总和。它的出发点不是禁锢人，而是创造条件发展人，其最重要的特点是人能自主进行判断、选择、践行。对于人的主体性内涵的表述，有学者认为主要表现为主体的能动性、创造性、主导性和意识性，也有学者认为主体性即人的个性、自组织性与创造性。

袁贵仁教授认为，主体性是人在实践过程中表现出来的相对于客体的能动性、自主性、创造性[①]。本书以此作为主体性的内涵表述。

（1）能动性

能动性是主体性最为本质的特征，是人类特有的认识世界和改造世界的能力。毛泽东同志在《论持久战》中强调："能动性，我们名之曰'自觉的能动性'，是人之所以区别于物的特点。"[②]《1844 年经济学哲学手稿》中，马克思将自觉能动性表述为人的本质力量，即种的全部特征、类特征都在于生命活动的性质，而人的类特征正是自由的、自觉的活动。自觉能动性是哲学理论问题，体现于人们的实践中。实践本身是一个能动的过程，其客观结果烙有自觉能动性的鲜明印记。因而，自觉能动性这一概念本身就具有理论与实践结合的现实意义。能动性是有目的、有计划的活动，具体表现为人的自觉性与主动性。

自觉性是指了解与把握事物的来历及形成过程所具有的特色和发展趋向，既包括认识自己，也包括认识并尊重客观规律。人的能动性的发挥，以对客观规律的尊重为前提。主动性是指主体采取行为积极改善或影响周围环境的倾向，是主体之动。主动性包括积极性，是不依赖外力推动的行为品质，是积极心理学发展的方向之一。

（2）自主性

自主性是主体性的核心，是人的品格特性，是人的素质的基本内核。自主性是主体按照自身意志行为的特性，主要表现为独立做出决定，自由

---

① 袁贵仁：《主体性原则与马克思主义哲学》，《人文杂志》1993 年第 1 期。
② 《毛泽东选集》第 2 卷，人民出版社，1991 年，第 477 页。

表达意志。具有自主性的人能够以自己的思维支配自己的行动，是自己活动的主人，是客观环境的支配者和控制者。真正的主体必然是具有自主性的主体。

苏联社会学家科恩认为自主性有两个尺度："第一个尺度是指相对于外部强迫和外部控制的独立、自由、自决、自主支配生活的权利与可能；第二个尺度是就主观现实而言，能够合理利用自己的选择权利，有明确目标、坚韧不拔和有进取心，自主的人能够认识并且善于确定自己的目标，不仅能够成功控制外部环境，而且能够控制自己的冲动。"① 因此，自主性主要体现为独立、自由、自律。

独立是自主性的基础，只有人格独立，才能实现行为自主。独立性包含个性独立之意。在高职院校，学生本质上欠缺个性而表面上张扬个体主义的情况较为明显。这种多尔迈口中的"人为中心的个体主义"是主体个性的形式代偿，不同于个性的正确表达。而主体的自由与自主是不可分割的统一体，自由度的大小与自主性的大小是一致的。

自主性的表现是主体对于自身活动具有的支配、控制的权利，包括自由选择、自主参与的权利。学生自主性是学生独立生存和发展的必然要求，缺少自主性，高职学生的学习将失去自身的目的性、指向性和价值意义，成为一种外在的负担、被动接受的义务。因此，自主性对于学生主体性人格的形成非常重要。

（3）创造性

创造性是主体性的高阶表现形式，是指在原有基础上的开拓，其本质是对于既成认识状态的超越，既指对外在事物的超越，也包括对自身的超越。主体总是在改造客体的实践中完成自我塑造，社会变革也改变着主体本身，实现主体自身的否定之否定，完成旧我到新我的转变。认识的创造性意味着主体不满足他人或自身已有的认识，力求通过自己的认识活动发现新的

---

① ［苏］伊·谢·科恩著，佟景韩、范国恩、徐宏治译：《自我论》，三联书店，1986 年，第 407 页。

有意义的问题，做出新的有价值的理解，形成新的知识或新的理论等，其前提是意识的自由。正如恩格斯所言，古希腊的辉煌文化来自于两方面——直观的观察与天才的猜测，后者是在不受任何束缚的情况下进行的自由想象，这种自由意识是创造力的源泉。

创造性的关键是主体的创新欲望及行动。创新是科学的本质，不仅需要必要的时代条件与发展环境，更需要主体自身积极主动精神的发挥及实际行动的勇气。意识的自由是客观束缚的解除，创新欲望及行动是主观意志的需求，激发主体的创造性需要二者的融合。人在认识上的无穷无尽的创造，不仅为人类开拓了丰富的精神世界，也通过实践创造了属人的、人化的对象世界。德育过程中，教育主体不能将道德单纯视为有关人类观念、原则与行为规范的总和，或是不顾人的需要只是对人进行控制和约束的外在规范，而应将受教育主体视作道德的创造者和推动者。

2.2.2　主体性德育的理论争鸣

主体、客体是哲学中的一组范畴。传统的德育理论中，学生一度被认为是德育客体，即德育的接受者，是教师认识、实践活动的指向对象与作用对象，是生活在一定社会关系中与德育教育主体构成主客体工作关系的人。作为客体，其最为重要的特征是受动性，即被动地接受处于主体与中心地位的教师的教育。然而，被认为是客体的学生不同于一般意义上的客体的"物"，而是具有认识与实践能力的人，具有"拒物化"的特征，在教育活动中不可能不参与改造、建构、发展自我的过程。为了解决这一矛盾，随着人本理论的发展与影响，将学生视为德育主体逐渐成为教育界较为主流的理论。微时代，主体性的激发是社会发展的必然要求，是德育最为重要的特征。

主体性德育是相对于客体性德育而言的，学者们从目标导向、问题导向、主体间关系等多个视角对主体性德育进行了定义。有学者从目标出发，认为主体性德育是指教育者与受教育者在互动条件下，以发展学生的主体性为目标与导向的教育，学生主体性素质的培养是主体性德育的旨归。① 有学者从问题出发提出主体性德育是针对传统德育忽视人的主体发展、德育与实践两张皮、教育教学形式不受学生欢迎等德育现实难题提出的，因此应当包括重视学生的主体需要和发展学生的主体性两个方面。还有学者从主体间关系的视角认为主体性德育是以个人主体性为基础，两极甚至多极异质主体之间的平等交往与合作关系，是主体与主体在交往互动中表现出的和谐一致性。② 本书认为，首先，主体性德育是建基于主体性的内涵之上，以使受教育主体的能动性、自主性、创造性得到充分发挥的主体性道德人格的教育。激发学生的主体性首先应当摒弃将学生作为客体、对象的观念，尊重学生的主体身份，实现学生在德育过程中的地位与作用的转变。其次，强调受教育者的主体性与教育者的主体性并不互斥。主体性德育是教育性与人性的结合，教育者与受教育者是德育过程中既相对独立又相互联系的主体，受教育者的主体性不具有唯一性与排他性，而是与教育者主体性的发挥共生共存、相互兼容、相得益彰。

主体性德育是主体性教育的重要组成，二者具有共同的基础，遵守共同的规律，对于主体性教育的理论争议同样成了主体性德育的理论争鸣。

主体性德育的发展并非是一帆风顺的，这与学界对主体性的认识过程相同。蓝江教授早在 2005 年就将"主体性德育"与"德育的主体性"做了严格区分，在承认德育的主体性之时明确提出了否定主体性德育的观点，认为主体性德育这一概念的提出是以主体的客体化为前提的，这与德育的主体性构成了哲学层面的悖论。同时，主体性德育的提出忽略了主体性与德育之间存在的内在紧张关系，德育对于受教育者主体性的无限制发挥所采取的限制措施构成了对主体性的制约，因此，主体性与德育天然相悖，主体性德育的提出属于对二者的强制黏合。③

---

① 沈召前：《新型主体性德育模式的构建与实践》，《南京社会科学》2010 年第 11 期。
② 周飞：《高校主体性思想政治教育探析》，《思想教育研究》2012 年第 7 期。
③ 蓝江、方萍：《社会化的主体性——马克思主义视野下的思想政治教育主体性》，《理论探讨》2006 年第 6 期。

回应这一质疑首先需要明确主体性德育的目标，即培养能动性、自主性、创造性得到充分发挥的道德人格。这种主体性道德人格的本质绝不禁锢于统一人格，即并非培养唯一的主体性，而是鼓励个体主体性的充分呈现。这与质疑主体性德育模式的观点存在本质区别：后者仅仅将主体性作为一个结果，一种客观标准，认为主体性德育既为模式，就应整齐划一，这是对主体性德育的误读。正如人生来虽具有语言天赋，但仍需要教授与引导。主体性德育并非否定人的主体性，也并非是将主体客体化，而是通过道德教育的引导来培养主体性，对"任性"的限制正是激发、引导主体性的表现，是社会价值与个体价值的平衡。因此，主体性德育是社会进步的必然，更是德育发展的要求与方向。

　　主体性德育的理论争鸣不仅表现在对于主体性德育的承认与否，即便是在认同主体性德育的范围之内，也存在多元的理论学说，主要包括：

　　单主体说。单主体说存在两种相对的学说，即"教育者主体说"与"受教育者主体说"。有学者从过程论出发，将教育者——从事德育的人或机构组成的系统——视作唯一的德育主体[①]，将受教育者作为德育客体，或者是一种器具和工具。主体与客体的对立统一关系就此形成。教育者是教育活动的发起者、实施者，通过德育实现客体认识的转变，促进主客体的统一是该观点的重要内容。有学者则以目的论为视角，将受教育者作为唯一主体，认为教育者仅仅是为受教育者的发展服务，不具有主体地位。单主体说的唯一性导致片面性：要么将教育者的权威地位与主导作用绝对化，否定受教育者的能动性、自主性、创造性；要么忽视教育者的引导作用，过分强调受教育者的自觉性。

　　双主体说。从认识论来看，德育的教育者与受教育者都是有意识、有目的，能够从事认识与实践活动的人，符合主体的界定。德育主体除了包括德育过程中具有主动教育功能的组织和个人，即教育者之外，能够进行自我教育与主动教育的受教育者也应作为教育的主体。德育中受教育者的

① 邹学荣著：《思想政治教育学》，西南师范大学出版社，1992 年，第 130 页。

主体性主要有两种表现：一是就受教育者的接受过程而言，在各种时代背景、社会因素的影响与作用下，受教育者以自身已经具备的思想观点为基础，不断选择、整合、内化德育信息，进行主体重构，实现道德的丰富，发展包括自身的思想认识、品德修养在内的精神素质；二是就受教育者的自我教育而言，受教育者依据国家及社会的客观要求设定教育内容及教育手段，根据自身的自主性、独立性，将德育的方式由外在教育转变为内在疏导，将外在压力转化为内在动力，实现受教育者的自我教育。从德育主体的角度来看，受教育者在自我教育时，成了德育的主体，即德育过程的承担者、发动者、实施者。

多主体说。王颖认为关于德育主体的理论研究必须将德育的教育主体还原到社会生活中去，并进行函项上的层次分别，这样有利于目前德育主客体范畴研究中的正本清源，据此提出"国家是本体性主体，教育者是实践性主体，教育对象是自我教育主体"[①] 的三重主体说。陈玉成将教师、学生、家长作为教育的三主体，注重在德育过程中彰显教师、学生、家长三元主体的主体性以及通过教师、学生和家长作为德育主体的相互配合、相互协作，促进学生的全面发展。[②] 邱杰、何海兵提出德育的教育主体不是单极的而是多极的，包括个体主体、群体主体和国家主体。[③] 究其本质，多主体说仍然是双主体说的衍生物，作为与受教育者相对应的一极。教育者、家长或者国家只是在教育的职能划分上有所区别，对于承担教育职责本身而言，无论群体主体还是国家主体其指向是一致的。在通常情况下，国家作为德育主体的身份往往被隐于其作为德育环境的熏陶作用之中。

主体际说。主体际说也称主体间性说，此观点认为德育是在教育者与受教育者互动交往过程中，通过"主体—客体—主体"的相互转化实现的，

① 王颖：《试析思想政治教育主体的三重形态及特征》，《学校党建与思想教育》2002年第19期。

② 陈玉成、孙鹤娟：《"三主体"教育：内涵、性质与价值》，《教育研究》2012年第10期。

③ 邱杰、何海兵：《思想政治教育主体的三重形态及其主体性》，《湖北社会科学》2003年第12期。

受教育者在德育过程中由客体转化成为主体，与教育者构成了"主体—主体"的主体际关系[①]。20 世纪 90 年代，哲学领域的研究开始转向主体间性，2002 年，教育界将主体间性作为前沿与热点问题加以研究。主体际说是以双主体说为基础，重点研究教育主体与受教育主体之间关系的学说，除了研究侧重点有所区别之外，与双主体说并无实质不同。本书在第四章中将其作为重要一节进行研究。

综上所述，学界对于德育主客体的争论聚焦于受教育者能否成为主体，即学生所处的地位问题。其本质正是单主体说——尤其是教育者主体说——与双主体说的争论。随着主体价值的日益彰显与受教育主体地位的日渐提升，双主体说受到了愈来愈多的认可，本书的论述也是建基于双主体说的基础之上。

2.2.3　主体性德育模式的内涵

主体模式的提法在高职院校较为常见，多指校企双主体办学模式或人才培养模式，是指企业与高职院校均为高职教育的办学主体，其作为人才培养机制中的两个重要组成部分共生共存，这是促进企业、行业在职业教育人才培养过程中提升内生动力的重要举措。对于普通高校而言，也存在以就业为导向、与企业合作等问题，但不会如同高职院校一样上升到双主体的层面，这是职业教育的特性所决定的。2010 年，教育部召开的全国高职教育改革与发展工作会议强调，要以"合作办学、合作育人、合作就业、合作发展"为主线，不断深化教育教学改革，推进体制机制创新，努力建设中国特色现代高职教育[②]。可见，企业、行业主体性的激发既是政策导向，也是实践要求。校企双主体办学模式与主体性德育模式虽然在主体、内容、方式等方面存在明显的区别，尤其是对主体的界定上——德育模式中的主

---

① 万美容：《论主体道德教育模式的基本特征》，《学校党建与思想教育》2001 年第 10 期。

② 羿羽：《教育部召开全国高等职业教育改革与发展工作会议》，《教育与职业》2010 年第 28 期。

体是人，办学模式中的主体是由人组成的单位，但就本质来看，二者都是为了突出主体价值，激发相关各方主体性。对于主体性德育模式的建构而言，校企双主体的办学模式具有借鉴意义与参考价值。

改革开放以后，个人本位的教育价值研究迅速发展。自那时起，学界就开始关注教育的个体价值、个性教育、非智力因素等，即个体的主体性方面。1981年，顾明远教授提出"学生主体"的概念，将教学中的"师生关系""教育与人"等问题，逐渐演变发展为"学生是教育活动的主体"这一命题，这是我国主体性教育理论的萌芽。21世纪初以来，主体性教育进入反思与总结阶段，与前一阶段的研究热潮相比，该阶段的研究相对冷清。裴娣娜认为主体性德育是开放的、发展的、动态的教育理论，在不断的反思、总结、批判、概括和提升中实现对自我的超越。[①] 主体性德育提出后，专注于理论与实践相联结的主体性德育模式成为学界关注的重要问题。

学界关于主体性德育模式的表述多样，有学者从师生关系出发，认为主体性德育模式是以建立教育主体与受教育主体之间的互动关系为基础，以培养受教育主体的主体性道德人格为目标，积极发挥教育主体的引导作用，充分尊重受教育主体的主体地位，以促进受教育主体道德认知、道德情感、道德行为全面发展的德育模式。[②] 有学者从过程出发，将主体性德育模式定义为以教育的主体性方式促进人的主体性道德发展的过程[③]，认为德育就其本质而言既是意识运动过程，也是人的主体性养成过程，其实质是在道德教育过程中充分发挥受教育主体的能动性、自主性和创造性，培养主体性道德人格。有学者从目标与方法出发，强调主体性德育模式是通过满足学生主体的德育需求，安排德育内容，采用合理方式，将各项功能整合于激发受教育者主体性这一培养目标上[④] 的模式，其实质就是在肯

① 　裴娣娜：《主体教育理论研究的范畴及基本问题》，《教育研究》2004年第6期。

② 　陈善卿、张炳生、辛国俊著：《生活德育论》，东北师范大学出版社，2005年，第133页。

③ 　潘柳燕：《高校主体性道德教育模式探讨》，《现代大学教育》2004年第2期。

④ 　窦志：《论和谐校园的构建——从德育模式谈起》，《陕西师范大学学报（哲学社会科学版）》2007年第9期。

定教师主体地位的同时，承认学生也是德育过程的主人。还有学者认为，在构建主体性德育模式时应当遵循主体德育过程的特殊规律，即教育主体代表社会有目的有计划地开展教育教学，使社会道德规范内化为学生的道德认识，并外化为学生的道德行为。本书认为在界定主体性德育模式的含义之前，需要注明两个问题：

1. 主体性德育模式的核心是人

近 30 年来，德育模式研究逐渐从对学科本身的要素关注转向对教育对象，即受教育主体——人的关注。就微时代的高职院校而言，学生早已超越了德育组成要素的界限，成为德育模式建构中最为重要的关切，这是因为"人"才是道德的主体。主体性德育模式强调权利，客体性德育模式强调义务，后者更关注禁止性规范的制定与执行，束缚了学生的发展，忽视了权利与义务的对等。

主体性德育模式以受教育主体的道德需要为立足点，将德育的现实功能与超越功能、个体享用功能与社会功能有机整合于受教育者的主体性之上。德育的实质在于个体的社会化，其采取的形式则是个体的个性化。因此，德育塑造的个体不应该也不可能是千篇一律的。

2. 主体性德育模式与"以学生为中心""以学生为本"的区别与联系

传统的高职院校德育模式中虽然少有明确提及"主体性德育模式"的概念，然而以学生为中心或者以学生为本的教育观念并不鲜见。在高职德育经历了将学生视为客体的阶段之后，随着人本理论的发展，对于学生的定位从一极转化为完全相反的另一极，曾经的教师中心论迅速为学生中心论所取代。学生中心论本身是针对以赫尔巴特为代表的教师中心论所提出的，其代表人物是卢梭和杜威，强调教育过程中学生的主动性，教师则应引导学生，满足其需求。以学生为中心一度成了包括高职院校在内的绝大多数高校的教育理念：课程建设的范式、课堂教学的方式、教学改革的体系等均以学生为中心作为出发点。然而，以学生为中心仍然内含着外在的地位审视，难以舍弃学生作为客体的条件设置。

以学生为本在对学生地位的确认上较以学生为中心更加彻底。有学者将以学生为本通俗地解释为一切为了学生，为了学生一切，为了一切学生，将学生视为学校生存之本，以及推动学校发展的根本动力。还有学者认为以学生为本是指以学生的成长为本，应当强调学生的个性、创造性，关注其权利、尊重其人格，明确学生在学校发展中的主体地位。可见，以学生为本包含了一些关于发挥学生的主体性的思维，这对于现代教育的发展贡献斐然。然而这种表述对于主体性德育来说并不全面，忽视了学生的主动性以及教师与学生之间的相关性等问题。除了以上两种表述之外，学界还存在以学生为重、以学生为先等"以学生……"的系列表述，然而其均可以作为以学生为中心、以学生为本的衍生品进行理解。

主体性德育模式与以学生为中心、以学生为本的教育观念既有区别又有联系：第一，主体性德育需要明确学生的主体地位，这种主体地位本身包含了以学生为中心、以学生为本的含义，强调学生的独立性，将教育的主要价值归结于学生。可见，主体性德育模式内涵以学生为中心、以学生为本的教育观念。第二，无论是以学生为中心还是以学生为本，本质都是从教育者的视角出发对学生地位的认知，而主体性德育模式则是以学生的主体性为视角建构的德育模式，是聚焦学生内在的德育模式理论，注重道德的自我建构与自我教育，关注学生主体的能动性、自主性、创造性的发展，是从受教育者的角度理解主体性引导与激发的问题。第三，主体性德育源起于学生地位由客体化向主体化的转变。如果仅限于此，以学生为中心、以学生为本的观念似乎也能够满足这一转变的需要。然而，主体性德育的内涵更为广泛，以学生为中心、以学生为本仅仅是确认主体地位的基础，无法涵盖教育主体与受教育主体的互动关系、主体性的激发与主体性道德人格的养成等主体性德育所涉及的重要问题。同时，无论以学生为中心还是以学生为本都只是一种教育观念，并未形成严密的逻辑体系或操作模型，这种观念真正融入实践，需要主体性德育模式予以联结。第四，主体性德育关注教育主体与受教育主体之间的互动关系，与以学生为中心或以学生为本相比，强调了主体对主体的引导与影响，内容更为全面。

综合以上研究，本书认为，主体性德育模式是以教育主体与受教育主体之间的双向互动为基础，以培养主体性道德人格为目标，设计德育内容、德育途径、德育方法，并通过德育评价的反馈形成动态循环、自我发展的德育模式。

2.3　微时代高职院校选择主体性德育模式的原因

微时代的改变与颠覆的实质是社会本质的历史变革。德育作为教育的重要组成部分，理应做出相应的调整与改变以回应微时代发展，回应民众关切，这种调整与改变在高职院校德育模式的建构中有着明显的体现。

在正式建构德育模式之前，高职院校也必然进行德育理论的探索与实践的探寻，这是教育的本质所决定的。这种探索要么形成了相对固定的德育模型，要么形成了普遍认同的德育观念。以某财经类高职院校为例，其经过长期实践形成的财贸素养教育体系，是以职业要求为导向的道德教育，在理论建构上虽仍有待充实，但实践中取得了较为良好的效果：有学生在一档全国知名的招聘类节目中以"做营销最重要的是诚信"的观点赢得了大型民企的聘用，也体现了财贸素养教育的实效。因此，对高职院校而言，德育模式的建构并非白纸上作画，而是具有一定的理论与实践基础。客观来看，这种基础是双刃剑：一方面，积累的理论观点与实践经验能够支撑德育模式的建构。另一方面，已经固化的德育理念需要与时俱进的调整与创新。德育模式具有较强的转换性和适用性[①]，适应性能够支持德育模式在建构中汲取已有德育理念的精华；转换性能够支持德育模式随着主客观环境的变化不断进行结构性转换，有效解决德育中的各种实际问题。因此，适应性与转换性为高职院校德育模式的调整与创新提供了可能。

第一，高职院校德育模式具有适应性。模式本身既是解决现实问题的思维范式，也是对事物一般规律的揭示，具有抽象性、简约性。德育模式

---

①　刘惊铎：《由多样性模式而来的德育新格局》，《中国德育》2014 年第 5 期。

具有模式的类特征，是一般德育原理与具体条件相结合而形成的活动结构。模式受环境影响，一旦环境发生变化，模式应当予以相应调整。因此，德育模式本身具有很强的适应能力。就高职院校德育模式而言，特殊的教育规律又充分赋予其实践性，实践是学生适应社会的有效途径，实践的过程也是德育模式不断调整、适应社会环境的过程。

第二，高职院校德育模式具有转换性。马卡连柯认为，任何的教育方法，也不能说是永远绝对有益的。高职德育模式也是如此，其虽然具有一定的稳定性，但绝非一成不变，而是存在调整与创新的可能。一方面，就实施过程而言，模式具有可转换性。系统科学领域的反馈原理运用于德育模式之中，能够引申出模式的转换原理，即德育模式与德育过程既存在区别，又相互联系，两者之间通过反馈不断调整变换，最终促成德育目标的实现。另一方面，就组成要素而言，高职德育模式的转换体现为：第一，理论要素可变。德育的目标、主体、内容均可根据微时代的发展做出相应调整，这种调整并非颠覆式的，是在原有基础上的微创新。第二，实施要素可变。在微时代，德育模式的实施要素，包括途径、方式等客观上都会发生变化，这些改变能够促成高职德育模式的转换。

德育模式的适应性与转换性构成了微时代高职德育模式调整、创新以及发展的可能性。在此基础上，微时代的主体性本质、高职德育与德育模式的现状、高职学生的主体性欠缺则推动了德育模式的主体性选择。

2.3.1 回应微时代的主体性本质

人的主体性并非仅仅是主体自身的规定性，还包括通过人的活动在主体、中介、客体的关系中得以体现，在自然、社会环境中逐渐生成的现实形态。因此，人的主体性的含义赋予离不开微时代环境的本质性研究。正如马克思所言，"人创造环境，同样，环境也创造人。"[①] 人的主体性发展水平是社会发展程度的衡量尺度。随着社会的发展、文明程度的提高，人的主

---

① 《马克思恩格斯选集》第 1 卷，人民出版社，2012 年，第 172-173 页。

体性不断被关注、不断得到发展。微时代是主体性得到高度认可与充分表达的时代，其本质正是主体性，主要体现为：

1. 微时代激发主体意识

在微时代，人们的主体性意识被极大激发，开始更多地关注自我，展示自我。无论是微博的转发、微信的点赞还是微视频的点击率，都是民众主体意见的公开表达与主体地位的彰显，这是对个体的放大，是对个体的高度关注。调查显示，有 43.8% 的网民喜欢在互联网上发表评论，以微信为例，朋友圈的一条消息就会让点赞、转发的人趋之若鹜。大"V"们随手一条微博，评论会迅速刷屏。拥有近 7800 万粉丝的某电视明星，在作为嘉宾参加完国内一档著名的真人秀节目之后发出的一条"各位，再会！"的微博，不到 8 小时有近 4 万人点赞，这种全民狂欢在传统媒体时代是不存在的。

2. 微时代关注主体需求

1943 年，美国心理学家马斯洛在《人的动机理论》一书中首次提出人的需要层次理论：人的价值体系中所存在的不同层次的需要共同构成了一个需要系统。马斯洛将人的需要分为五个层次：生理需要、安全需要、社交需要、尊重需要与自我实现的需要。需要层次理论揭示了一个基本原则：人的最迫切的需要是激励人们付诸行动的原动力。在教育的层面上，学生越是有高层次的需要，越是无法依靠被动服务来实现，而是需要教育主体的主动关怀。因此，教育主体应当充分发挥自身的能动性、自主性、创造性，为受教育主体提供服务，引导其依据自身特点设定发展目标、寻找前进动力、探索发展途径与方法，从而激发受教育主体的主体性，引导其进行自我实现，养成主体性道德人格。

"微"时代正是关注个体价值、聚焦主体需求的时代，自觉、自由的活动是主体的最高需求。随着微时代的到来，教育教学中你讲我听的模式已经成为历史，即便在学校，第一课堂也不能完全隔绝微时代的影响：厦门大学传播学院某教授课间给学生发微信红包就是一例，这满足了微时代个体的表达、参与的需求。同时，微博、微信等微平台还体现了用户年龄跨度大的优势。曾经对互联网络一窍不通的老年人，在实际生活中受限于身体条件、年龄条件，社交能力明显减弱，然而在微信上、在朋友圈里他们却异常活跃，这是由于其社交需求得到了释放与满足。在微时代，没有人能够置身事外。

德育是在一定社会环境中进行的，受制于环境又反作用于环境的开放性教育系统。社会环境的改变影响德育环境的变化，影响教育主体、受教育主体的道德状况、思想特征、行为习惯的形成与调整，这决定了德育的方向和内容。当前高职院校德育模式的建构常常是封闭的，与关注时代背景相比，高职院校更为关注网络或新媒体对德育方式带来的部分影响，缺乏对社会环境的整体呼应、对时代背景的系统研究，这造成了德育模式与社会环境的割裂，阻碍了理论的建构与实际的应用。

2.3.2 改变高职德育的现状

职业教育的起源是为了让人们学习生存技能的教育，作为实用性的教育，高职德育在理论与实践中存在一定的人学空场。具体表现为：

1. 高职德育理论上存在一定的人学空场

传统德育忽略学生的主体性，意味着忽视德育的能动性，完全把德育作为培养符合社会规范要求的高职学生的工具，这种工具主义的德育理解无疑是微时代德育认识的误区，也与现代道德观相悖，具体体现在两个方面：

第一，高职德育的工具理性主义倾向。宗教的基础是人类精神的他律，道德的基础是人类精神的自律，这是道德与宗教的核心区别。引导学生进行自律的道德教育建立在人性基础之上，以主体性为内核，而工具理性主义的本质特征是为了达到控制对象的目的，以理性的态度将其工具化。对于高职学生而言，其主观上存在学习态度与学习成绩的问题；客观上存在三年学制的问题，这造成高职院校注重技能人才的批量化培养，寄希望于学生能够在较短时间内产生工具性服从，缺乏了对道德发展路径的正确认知及对学生个体的人文关怀。同时，工具理性主义忽略了"高素质"技能人才的养成基础，以技能的熟练程度遮蔽或者替代善良人格形成的现象造成高职德育缺乏实效性，造成学校、家庭、企业、社会忽视学生个性以及学生个体发展的内在价值。因此，以工具理性主义为基础的传统高职德育欠缺"人本性"。正如弗兰克纳所言，"从道德上讲，任何道德原则都要求社会本身尊重个人的自律和自由……并且不要忘记，道德的产生是有助于个人好的生活，但不是说人是为了体现道德而存在。"① 可见，人并非道德的工具，相反，道德是为人而存在的，人才能成为道德的主体。

第二，高职德育的社会价值取向。鲁洁教授认为，传统德育将道德教育的过程仅仅看作是对学生施加外部道德影响的过程，而所施加的道德影响又主要是为社会所认可的既定的道德规范，强调的是学生符合规范的行为习惯的养成。教育的价值主要体现在两个方面：适应社会与促进个人发展。服务于社会需求是高职教育发展的基础，校企结合是高职院校发展的根本路径。高职教育的实用主义在加快其发展规模与发展速度的同时，也使高职德育出现了一定的"人学空场"，表现为德育目标过于功利，德育方法欠缺人本性等。正如杜威所言：单纯的职业教育，由于把整个人的活动仅限于谋生的教育而忽略了自由的教育，因而产生了一种讲求实效和功利主义的热忱。②

一直以来，我国高职德育作为强调社会适应性的教育活动，忽视了个体价值取向，人为造成了社会价值与个人价值的对立，以政治伦理为主旋律的德育被理想化、完美化，忽略了学生的现实需要。固然，道德并非现实的完全写照，而是应当反映理想的追求，但完全脱离现实、背离学生需要的道德也绝不是真正意义上的道德。

2. 高职德育实践中存在一定的人学空场

马克思主义极其重视实践，认为实践是人类基本的生存方式与活动方式，劳动实践创造了人本身，实践性是马克思主义哲学中能够区别于一切

---

① ［美］威廉·K·弗兰克纳著，黄伟合、包连宗、马莉译：《善的求索——道德哲学导论》，辽宁人民出版社，1987 年，第 247 页。

② ［美］约翰·杜威著，傅统、邱椿译：《人的问题》，上海人民出版社，1965 年，第114-128 页。

旧哲学与非马克思主义哲学的显著特性。主体性与实践性具有密不可分的联系：主体是实践主体，主体通过实践的过程获得并确证主体性，主体性与实践性相互依存，互为基础，缺少了实践，就缺少了主客体之间的关系，主体性便无从谈起；实践是主体的实践，缺少了人的主体性的充分发挥，实践就缺失了灵魂，缺少了不断发展的可能。高职德育的实践正面临一定的人学空场的尴尬，具体表现在两个方面：

第一，传统高职德育是知性德育，其遵循的逻辑是知识和认知的逻辑。忽视学生个体的主体性，以课堂教学为主，缺少自我教育的引导，这造成德育内容脱离实践，这种对德育的异化导致高职德育成为对象化的、割裂的德育。对各个教育主体、各种教育要素间有机联系的割裂，使其无法进行有效整合、发挥整体功能。

第二，理论中的人学空场表现为对德育工具价值的强调；实践中的人学空场则表现为德育的物化、社本化。骆郁廷教授认为："大学生是具有主体性的人，即具有认识和改造世界能力的人，不同于物质生产实践活动的对象——处于消极被动状态的没有主体性的物。"① 实践是道德最好的内化途径，最利于心灵的纯洁和信念的坚定，实践中的人学空场不可避免地造成个体道德需求与社会道德需求的错位。在德育实践中，高职院校往往忽视学生的主体地位与道德人格，强调道德义务，忽略权利及权责的一体性，教师与学生之间缺乏互动，造成德育的隔离。德育途径上，强调灌输强制，将学生看作"美德袋"，教师教什么，学生就接受什么；德育方法上，忽视主体道德体验，造成德育的智育化，德育与学生生活脱节，成为简单的形式化德育、说教德育②。

诚如胡孝四所言，高职院校传统德育采用教导、榜样和规约三大主导方式，其实质是"教会顺从的道德教育"，而并非鼓励学生的主动选择与

---

① 骆郁廷主编：《高校思想政治理论课程论》，武汉大学出版社，2006年，第122页。
② 聂荣鑫：《走向对话：一种新的德育模式》，《思想·理论·教育》2002年第2期。

积极创造,即不是倡导主体性的德育模式[①]。这种顺从的德育在很大程度上背离了人的品德形成规律,体现了高职院校德育实践过程中对学生主体性的忽视。因此,建构主体性德育模式是改变高职院校德育现状的必然要求。

2.3.3　应对高职学生的主体性欠缺

就社会观念而言,职业教育是所谓的"低层次"教育,这造成高职教育培养高素质劳动者和技术技能型人才的目标与高职学生的知识基础、学习态度之间形成了矛盾,这一矛盾产生的根源是高职学生主体性的欠缺。有欠缺就有需要,这是由于"需要"的本质是主体对客观事物缺乏状态的一种反映,与老子哲学命题中"补不足"的观念十分相近。高职学生的主体性欠缺主要表现为自卑情结、自律缺陷、知行不一三个方面,这也正反映了其主体性需要:

1. 高职学生的自卑情结

在对学生评价单一化的教育体系中,"唯分数论"拆解了高职学生信心建构的基础,导致其封闭自我认知,忽略自身的真正需要,忽视自省、思考及自我完善的重要性。这容易造成高职学生陷入心理学中的"湖效应"——倾向于认为自己的能力不如别人,过低估计自己的能力,形成"自己比一般人能力差"的自我评价,这种负向的自我评价使得高职学生产生自卑心理,并呈现为两种极端表现:第一,想改变现状却求而不得陷入痛苦,这是自信心不足的直接体现;第二,置身事外对主流文化嗤之以鼻,这是自信心不足的隐蔽特征。两种心理都可能造成高职学生认识上的偏激、行为上的冲动,这种偏激与冲动又会反过来刺激、强化自卑心理,形成奥地利心理学家阿德勒所谓的"自卑情结",即"当人的某种能力缺陷收到周围人们的轻视、嘲笑、侮辱时,这种自卑心理往往会大大加强,甚至以畸形的形式如嫉妒、暴怒、自欺欺人等方式表现出来,这就上升为'自卑

[①] 胡孝四:《论基于校企合作和生活德育的高职德育模式创新》,《教育与职业》2011 年第 27 期。

情结'。"① 高职学生的思想、情感、行为表现往往符合"自卑情结"的心理特征。

自卑情结会使一个人"面对他无法适当对付的问题时,表示他绝对无法解决这个问题"② 。一旦人们陷入自卑情结,便会在无法适当应对的领域中失去奋斗的动力和欲望。高职学生由于学习成绩的原因,长期被社会、学校、家庭所质疑,这种质疑分为两种:一种是从小就被质疑。有些高职学生从小就在学习上受到挑战,日复一日,他们的自卑心理逐渐养成。另一种是由于突发事件,改变了学生的成长轨迹。如有的高职学生从小学习优秀,是父母、老师眼中的好孩子,但突然发生的家庭变故或者青少年时期的重要事件让他们对学习的热情和兴趣一落千丈,开始懒学、怠学甚至厌学,高考的失利更是加重了他们的自卑情绪。这种受突发事件所影响的学生受到的心理创伤往往难以言表,突然的性格转向又令他人无法接受,因此容易引发他人对于学生个体的强烈质疑。无论是从小就受到质疑还是突然受到质疑,都会使高职学生失去学习的动力,并波及对其他事物的兴趣与欲望,这能够对高职学生常常表现出的无所事事、漠不关心的情绪与状态做出心理学上的解释。

显然,自卑情结能够导致或者加深学生的学业倦怠,即主体因为学业活动中存在的不良情绪体验,逐渐失去学习的积极性和兴趣,导致学习动机不强烈,对学业抱有不正确的态度以及缺乏应付学业困难的信念。荷兰乌特勒支大学Wilmar Schaufeli教授认为,学业倦怠是由情感枯竭、讥诮态度以及低专业效能感三个方面构成③ 。自卑情结引起学业倦怠,学业倦怠又会加重自卑情结,束缚学生主体性的发挥,形成主体性不断消减的恶性

---

① 洪霞:《解开自卑的情结——阿德勒与奥修自卑情结比较及启示》,《社会心理学》2007年第1-2期。

② [奥]A·阿德勒著,刘泗编译:《超越自卑》,经济日报出版社,1997年,第76页。

③ Schaufeli, W.B., Martinez, I.M., Pinto, A.M., Salanova, M., &Bakke, A.B.,"Burnout and engagement in university Students:A cross-national study". In Journal of Cross-Cultural Psychology, 33, 2002. P464- 481.

循环，这种束缚具体体现为：

第一，高职学生缺乏独立性。沈汉达教授在《中国职业教育魅力建构论》一书中经过大量调研得出：多数学生选择高职教育的原因是"未能考上本科"。在现有的教育体制内，家长和学生对高职教育的选择的确多为成绩限制的无奈之举。学生的主体性往往在"选择限制"中被剥夺，这体现在两个方面：一方面，高职教育最吸引学生的是"就业情况好"与"校园环境好"，这与普通本科院校学生择校标准有很大区别。高职学生能否顺利毕业、顺利就业是学生及家长关注的焦点，至于学生在高职学习过程中能否突出主体性，养成善良人格则并非择校的首要考虑因素。另一方面，很多高职学生入学之前已然被边缘化——被家庭边缘化、被学校边缘化。被边缘化意味着学生情感需求的被忽视、选择权利的被替代。因此，高职学生缺乏独立性，主体地位也并未受到充分尊重，这种独立性的被压抑造成"个体主义"走向的后果：一些高职学生通过张扬的外表或者奇装异服寻求关注，将独立性与主体个性简单等同于个体主义。

第二，高职学生缺乏正确认知。主观上，认知心理是人们生活中必不可少的心理活动，缺乏认识，缺少认识能力，可能导致主体无法顺利解决生活中遇到的问题；客观上，认知心理的培养包括注意力、观察力、想象力、记忆力、思维力的培养，这些能力的培养主要寓于教育教学之中，而具有学业倦怠心理的高职学生很难通过系统学习培养以上认知能力。主客观原因相互交织造成高职学生普遍缺乏自我认知："不知道自己想要什么"，更"不知道自己能要什么"。具体表现为：对自己的特长、优势缺乏清晰、准确的判断；内心想法较多又无法明确表达；对未来迷茫，对职业信息的搜集能力不强等。

2. 高职学生的自律缺陷

自律是指自我约束与自我的主动规划。在现实的人际关系中，人们往往是迫于舆论压力才不得不做合乎道德的事或不做不道德的事，这是他律而非自律在起作用。这种在他律条件下发生的道德行为体现出高职学生的受动性：一方面，主体发展水平受社会条件制约，不可能超越时代的客观条件而独立获得发展；另一方面，高职学生需要在教育主体的指导中、规范中改善自身行为，在他人的赞许中满足精神需求。

然而道德的自觉与主动才是伦理精神的根本特点，一个具有高尚品德的人其心理特征必定是"我要道德"而非"要我道德"，这是他律向自律的转向，只有自律的道德行为才是高层次的。微时代，主体在道德上受到新的挑战：微平台的封闭性、信息的爆炸式传播使得监管变得困难，这在很大程度上造成了他律作用的被淡化。从客观上看，他律的"淡化"为自律提供了条件，促进了自律的发生。因为只有经受住挑战与考验的道德主体，道德品质才能够有新的提高，道德行为才能够更加自主自觉，进而逐渐发展为自己规范自己的充满道德主体精神的人。这种自我规范需要自律，而自律恰恰是高职学生所缺少的品质。高职学生的自律缺陷具体表现为：

（1）高职学生缺乏自我约束

道德行为在意志上是自由的，但这种自由并非毫无逻辑可言，而是受人的理性所支配。理性对人的意志自由具有重要的约束作用。简言之，人类精神的自我约束是道德存在的基础。正如亚里士多德所言，人的特殊功能不是释放本能过动物的生活，而是依据理性的原则生活，有道德的人是能够利用理性控制情感的人。弗洛伊德在人格结构理论中，将个体人格分为自我、本我与超我三个层次。其中的"自我"正是理性的代表，在现实生活中可以分为两类：一类是执行着的自我，另一类是监督着的自我。监督着的自我即为"超我"，表现为人按照至善原则对本我、自我的控制，这种主体自觉地用理性意志约束本能、欲望冲动，实现意志自由的过程，构成了自律的基础。高职学生缺乏对自我精神的约束与对行为的约束，表现出恣意的态度以及容易"失控"的情绪行为：一方面，在"说自己想说"的话或"做自己想做"的事时，高职学生往往只是基于情绪、冲动任性而为，以为对一切限制的破除就是自由，这种"自然冲动"的为所欲为，是对社会秩序的破坏；另一方面，高职学生不善于控制自己的情绪、约束自己的言行，容易将主体性简单等同于自我欲望的满足，表现为生活缺乏规律，抽烟、酗酒等不良嗜好多见。

（2）高职学生缺乏主动规划

高职教育具有很强的职业性，学生能够通过职业体验、实习实践对职业发展进行更加明确的规划。然而事实并不尽然，在教育过程中，高职学生往往对未来迷茫、对职业不确定、对发展方向不明确，缺乏主动规划的意识。主动规划依赖于人的主体性的发展，个人主体性越鲜明，主观能动性越强，对自己的行为指向、目的、方式才会越明确。高职学生缺少对学业的规划、对职业的规划，这种消极面对个人发展的态度源于社会价值认可标准的单一，源于社会的群体性思维。

3. 高职学生的知行不一

德育的受教育主体一直以来都是道德的主体，以自己的方式生活于道德之中，理解、掌握、运用着道德规范。由于人类整体社会实践的作用，先贤通过无数次道德行为的积累在道德心理与道德形式方面形成遗传性特征。《孟子·尽心章句上》中提到："人之所以不学而能者，其良能也，所不虑而知者，其良知也。"[1] 这种不虑而知的良知与不学而能的良能正是遗传特征的继承，是一种先天的心理图式，意味着无论个体处于怎样的年龄、生理、心理状态都具有道德本能，而并非道德意义上的"白板"。学生是具有主动性的个体，他们在德育模式实施之前，已经具有了一系列的思想政治观点与基本的道德观念，这就是迦达默尔所说的前见。高职学生的组成虽然多样、学习基础差异明显，但每一名学生在入学前已经具有朴素的道德观念。因此，其道德认知的形成并非完全地从无到有的过程。

明代王阳明在《答顾东桥书》中说到，"'致知'之必在于行，而不行之不可以为'致知'也，明矣。知行合一之体，不益较然矣乎。"[2] 高职学生难以将朴素的道德观念转化成道德行为，即不能致知于行的根本原因在于情感的缺乏与意志力的薄弱。正如日本高职教育者野本敏生曾指出

---

① ［战国］孟轲，［战国］荀况著：《孟子·荀子》，万卷出版公司，2009 年，第 265 页。

② 王阳明编著，张靖杰译注：《传习录（明隆庆六年初刻版）》，江苏凤凰文艺出版社，2015 年，第 429 页。

的那样：高专生（类似于我国高职学生）的年龄接近成年人，远比幼儿或是儿童拥有相当强的是非观和判别能力，但高专生有时也会在对欲求的控制力及与人交流沟通能力方面表现出不成熟，可以说是处在摇摆于大人与儿童间的不安定的状态。[①]

（1）知行不一源于高职学生道德情感的缺乏。在高职学生入学前，家长、教师多对其学习成绩有所期待，在期待不断落空的情况下，会产生两种表现：一是斥责、抱怨，引起学生的逆反排斥心理；二是逐渐接受、漠视，忽略学生的情感需要。这对正值青春期的高职学生的生理特性形成了压抑，使其情感需求长期无法得到满足，容易造成高职学生产生两种极端的情感表现：一种是表现出"事不关己高高挂起"的消极态度，以情感表现的漠然来封闭自己；另一种是情感需求的多元甚至狂热，内心急于寻求情感满足却又难以找寻到正确的情感满足途径。因此，高职学生要么痴迷于网络，将情感宣泄投向虚拟世界；要么通过不断试错寻找情感的突破口，将盲目的情感以极端的表达方式呈现。例如，在爱情出现问题时，不能理性面对，容易诉诸武力。这种情感的缺乏阻碍了道德认知向道德行为的转化，使得高职学生无法将道德认知内化为德行、外化为德行。

（2）知行不一源于高职学生意志力薄弱。意志是个体在自觉选择并确定目标之后，据此调节自身行为以克服困难达成目标的心理过程。诚如《战争论》的作者克劳塞维茨所言，意志的本质是坚忍的精神，是一种在任何艰难困苦的情况下都绝不动摇的意志力。所有的丰功伟绩，无不是经历无数的劳累、艰辛和困苦才能取得。中国传统文化中也有着类似的论述，《孟子·告子章句下》中记载："天将降大任于斯人也，必先苦其心志，劳其筋骨，饿其体肤，空乏其身，行拂乱其所为，所以动心忍性，曾益其所不能。"[②]意志是对自我的克制，对困难的正视，对目标的坚持，是一种内在的心理活动，外部表现为意志行动：人们有意志支配和调节的认识世界和改造世

---

① 野本、敏生：《高専教育における技術者倫理》，《独立行政法人国立高等专门学校机构大岛商船高等专门学校纪要》，日本：大岛商船高等专门学校，2008年，第99-103页。

② ［战国］孟轲，［战国］荀况著：《孟子·荀子》，万卷出版公司，2009年，第257页。

界的行动。意志需要锻炼与培养，是在反复的意志行动过程中形成的意识、养成的习惯，具有自觉性、自制性、坚忍性的特征。在当前的教育体制下，学习成绩被赋予了高于个体其他特征的特殊意义，无论社会、学校、家庭都更加关注通过学习过程来培养和磨砺学生的意志。对于缺乏学习兴趣的高职学生而言，对学习过程的忽视造成其缺少了重要的意志培养途径。因此，高职学生往往容易表现出意志力薄弱的特点。有学者认为，意志力的养成过程与情感的培养过程是一致的，对一件事物怀有强烈的情感，往往能支撑主体形成强大的意志力。因此，广义的情感包括意志力。本书认同此种观点。

微时代的高职德育关注个人利益，追求主体需要的满足，这种"成人"德育是符合时代要求、德育现状、学生实际的必然选择。因此，将学生视作德育主体，充分认识学生的个性特征，引导学生需求的主体性德育模式是微时代环境中契合德育要求的科学选择。

第 3 章

微时代高职院校主体性德育模式的建构基础与德育目标

微时代高职院校的主体性德育模式存在于确定的时代与特定的环境之中，强调时代特征、高职教育特殊规律与德育模式的融合，其建构于具体的基础之上，设计了符合需要的德育目标。

3.1 微时代高职院校主体性德育模式的建构基础

德育的相关理论应当被作为德育模式建构的理论基础还是德育模式的组成要素，在学界是存在不同意见的。本书从理论的适用性出发，将理论基础与实践基础一并列为德育模式的建构基础而非组成要素进行研究。同时，高职院校的发展现状与高职教育特点决定了顶层设计的重要性。对于高职院校而言，方针政策具有引导办学方向与进行教育定位的意义，这与普通高校有所区别。因此，相关政策也应当被列为德育模式的建构基础之一。微时代高职院校主体性德育模式的建构包含着丰富的理论基础、政策基础与实践基础。

3.1.1 微时代高职院校主体性德育模式的理论基础

柯尔伯格认为，哲学、教育学、政治学等多个学科与研究领域都对其德育理论的形成产生了重要影响。同理，微时代高职院校主体性德育模式的建构也涉及哲学、教育学、心理学等学科的理论内容。

1. 哲学基础

哲学研究的全部目的应当立足于对人、自然及其两者之间关系的科学认识、历史探索与哲学反思，并在实践中建立起人与自然的和谐共存、发展。环境伦理学家罗尔斯顿的这一论述从哲学研究的本质恰如其分地阐释了主体性的重要性及主体性与时代环境相结合的必要性。微时代高职院校主体性德育模式建构的哲学基础主要包括：

（1）社会与个人关系的原理

马克思认为人是历史的剧作者，又是历史的剧中人。[①] 理论阐释与历史事实已经无数次证明，个人与社会之间既存在统一性，又存在对立性。人是构成社会的基础，社会是人存在的形式，社会性是人的根本属性。诚然，社会制约着人的发展，但人的能动性决定了其并非完全受制于社会关系的受动体，而是能够自觉、主动地认识并改造世界的主体。微时代的本质特征决定了个体的发展是其发展的基础，只有休戚与共的民众的参与，微时代才具有了发展的可能。同时，微时代的发展又是为个体的发展服务的。从微时代的政治、经济发展特征可以看出，微时代创造需求，提供具有良好体验性的服务与商品都是为了满足民众的物质、文化、精神生活的需要。因此，谋求个体的发展是微时代的归宿。

（2）人的主体性理论

与动物和其生命活动是直接同一的性质相区别，主体性是人类独有的属性，这是马克思主义关于人的主体性理论的阐释基础。人是主体，自然包括社会是客体。在主客体关系之中，客体的意义在于其属人和为人的属性。一切非属人的存在，要么是缺少与人之间关系的存在，要么是违反人性需要予以否定的存在。《共产党宣言》指出，取代资产阶级社会的，"将是这样一个联合体，在那里，每个人的自由发展是一切人的自由发展的条

---

① 《马克思恩格斯选集》第1卷，人民出版社，2012年，第227页。

件。"[1] 马克思、恩格斯彻底将"人"摆在了主体的位置，揭示了社会发展规律，体现了人文关怀。中国共产党以人为本的思想，继承和发展了马克思主义关于人的思想，尤其是关于人的发展和解放的思想，这正是实现主体性价值的终极目标。

根据马克思主义理论，人类发展过程中的主体性主要表现在四个方面。第一，人的本质。人是自然界长期进化的结果，人类的本质是自由、自觉的活动。其中，意识的自由、自觉是人的主体性的本质所在。第二，社会开放性。人的主体性不仅体现在个体能够认识、适应和改变世界，还表现为个体通过相互协作和分工能够超越生理能力的限制，扩大、发展物质资料的生产能力，人的协作、分工越深入、广泛，人的主体性程度就越高。第三，个体需要。需要是连接人与社会的纽带：需要引起动机，动机支配行为。需要包括物质需要、精神需要，二者都是主体性实现的需要。第四，实践超越性。马克思认为，全部社会生活在本质上是实践的[2]。实践这一概念在马克思主义哲学原理中横贯唯物论、认识论、辩证法和唯物史观，实践是主体和客体相互作用，即认识世界和改造世界的过程。前者是主体客体化的过程，后者是客体主体化的过程。实践的主体是人，只有人才能认识并改造世界。实践的超越性也正是实践主体的超越性，主体性的实现程度决定了超越的可能性，这种超越以实践过程中主体认识水平与精神境界的提升为特征。

马克思主义哲学关于人的主体性论断为微时代德育活动中确立学生的主体地位并将学生设定为自觉追求自我实现、自觉提高道德境界的个体提供了哲学上的理论依据。

（3）内外因辩证关系原理

内因与外因是一对哲学范畴，两者相对应而存在。唯物辩证法认为，内因是指事物的内部矛盾，外因是指事物的外部矛盾；内因是事物发展变

---

① 《马克思恩格斯选集》第 1 卷，人民出版社，2012 年，第 422 页。

② 《马克思恩格斯选集》第 1 卷，人民出版社，2012 年，第 135 页。

化的根本原因，是第一位的；外因则是事物发展变化的外部条件，处于第二位，外因必须通过内因起作用，但就事物的发展变化而言，外因不可或缺，甚至有时起着重大作用。微时代高职院校主体性德育模式的构建无疑是强调受教育主体的主体性，这是由德育目标所决定的。在受教育主体道德发展的过程中，其主体性正是内因。相对应的，无论是作为社会背景的微时代还是作为引导者的教育主体都是外因。德育要坚持内外因相结合的原则，既要看到内因，也不能忽视外因，不能割裂内外因之间的辩证关系。忽略内因在德育过程中的根本作用，或者单纯强调内因的决定作用都是不可取的。前者在德育中表现为以灌输为核心的德目主义，后者是坚持道德相对主义立场的全面主义道德学说的哲学归因。

主体性德育模式的构建既强调受教育主体的自主性、自我教育，也强调微时代的环境影响及教育主体的引导性、激发性，以及教育主体与受教育主体之间的主体间性，这是内外因辩证关系这一哲学原理的德育表征。

（4）人本道德论

该论说的基本观点包括两个方面。第一，道德源于人。人的生存与发展的需要以及协调人与人、人与社会、人与自然之间关系的需要是道德产生的根源。第二，道德为了人。道德"是为人的发展和完善服务的，道德是人进行自我认识、自我发展、自我完善的一种特殊形式，其作用和存在的价值就体现在它能使人性更加丰富和完善，使人的生活更加美好"[①]。就道德的价值与作用、道德与人的关系而言，道德具有规范、约束人的特征。然而，人创造道德的目的，最终是为了人的发展。

（5）主体性道德哲学

康德在18世纪提出从人本性的理性和自由出发，寻求具有普遍必然性的道德法则。康德强调，人的理性是道德原则的基础，人是道德活动的目的，人的意志自由应体现为对客观的道德法则的遵循、对绝对命令的服从。基于此，微时代高职院校主体性德育模式应当培养主体性道德人格，确认

---

① 杨超著：《现代德育人本论》，广东人民出版社，2005年，第104页。

主体地位，尊重主体需要，明确自由的边界，促成受教育主体的道德发展。

2. 教育学基础

（1）结构模式论

查有梁教授提出的发展认识学说将认识划分为四个阶段：直觉运演阶段、结构运演阶段、综合运演阶段、体系运演阶段，分别对应直觉模式、结构模式、综合模式、体系模式，其中与大学生认识发展阶段（18-19 岁到 20-23 岁）相对应的教育模式是结构模式。"这里的'结构'指一门学科的概念、原理、方法及其相互联系形成的整体。只有掌握了一门学科的结构，才能更有效地解决涉及该学科的问题。同时，当旧的学科结构不能解决某一问题时，应用'转换'的方法，又可构建新的学科结构，从而能解决更多问题。"[①] 结构模式的特点就是重视结构，在转换中学，将学生的需要放在第一位，认为不能单方面强调结构，要结合学生需求适时调整变换，增强实际应用效果。人的道德的形成，与外部知识的内化过程分不开，同个人主观意志和情感的参与分不开，也与潜在的自我人格结构发生关联。

（2）人格教育与培养理论

以苏联著名教育学家马卡连柯为代表的人格教育与培养的理论涉及集体理论，认为集体是个人与社会的中间环节，人个性的发展就是在集体中发展社会认可的行为。每个人在集体中都有自己的位置，有表现自身独立性的机会。该理论的主要内容为：人的意识倾向具有稳定的行为模式。人格教育理论是建立在对学生完全的尊重和信任基础之上的，强调每名学生都有独特的天赋，教育中必须相信学生，其核心是尊重，方法是心理相容、愉悦、内省。

（3）个性全面和谐发展理论

其代表人物苏联教育家苏霍姆林斯基将个体的全面发展、和谐发展与个性发展相融合，强调德育、智育、体育、美育、劳育的完整统一，重视个体自我内部世界与外部世界的和谐。其理论核心在于通过对个体的自我

---

① 查有梁著：《教育模式》，教育科学出版社，1999 年，第 12-22 页。

肯定与对个性的尊重，将学生的个性发展与人的全面发展相结合，从而不断促进自我发展，最终将学生培养成个性全面和谐发展的人。微时代高职院校主体性德育模式应当注重通过教育引导，促成道德的内化。为了达到教育学生的目的，德育模式可以结合学生需求不断进行调整、创新。

（4）人本主义德育理论

人本主义德育理论是指以人为出发点，尊重人的主体地位，以人的方式对待人，以成人为目的的德育。在德育发展史上，社会本位论与个体本位论这两种不同观点的德育价值学说都曾占据过主流的位置。社会本位论强调德育的社会价值，认为德育主要是使学生成为社会需要的、维护社会稳定和促进社会进步的人；个体本位论则更注重德育的个体价值，关注个人需要以及人的全面和谐发展。[①] 两种学说都具有难以克服的弊端：前者忽视个人的正当需求，后者片面强调个体需要。而德育既有为社会、为阶级服务的一面，也有为人的发展服务的一面，从根本上说是为人的全面发展服务，并将培养人的全面发展看作德育本质的回归。[②] 德育的问题从根本上讲是人自身的问题。因此，人本德育既不同于社会本位，也不同于个人本位，是二者的理性结合。

人本主义德育理论认为个体的存在价值与发展是德育的出发点和归宿，德育就是要促进个人潜能的发挥，其目的正是培养有个性的人。马斯洛将自我实现作为德育的终极目标；范树成则认为人本主义德育是当代社会的诉求，是改变当前德育的需要，是作为德育主体的学生的诉求，其核心是"尊重学生，以学生为本，将学生视为德育活动的主体，主张从学生出发，为了学生的人性发展而进行德育"[③]。

（5）品格教育理论

品格教育是起源于美国的道德教育理念，代表人物是 *Educating for*

---

① 石书臣：《现代德育理念与高校德育创新》，《思想政治教育研究》2011年第4期。
② 冯刚，郑永廷主编：《思想政治教育学科30年发展研究报告》，光明日报出版社，2014年，第98页。
③ 范树成著：《当代学校德育范式转换与走向研究》，人民出版社，2011年，第309页。

Character 的作者托马斯·利考纳。20 世纪 60 年代，随着对道德价值相对主义的认知，品格教育理论被提出；80 年代，品格教育理论成为学校德育的主流；90 年代，品格教育理论受到推崇，一些教育家和政治家希望通过品格教育理论聚焦民众对美德的关注，从而取代价值澄清理论。利考纳认为，品格教育理论是有目的地帮助学生理解、关心并实施核心的伦理价值观，其基本观点是培养学生养成良好的行为习惯，其核心概念"品格"由行为中的价值与操作性价值所构成。具体而言，其组成要素为：道德认知（moral knowing）、道德情感（moral felling）、道德行为（moral action）。《在学校发展品格：道德教育的现实选择》的作者凯文·赖安和凯伦·博兰认为，品格教育是教学生知道什么是善以及喜欢善并行善的教育活动。因此，品格教育的实质是核心价值观的培育，涵盖慎思、自律、公正、尊重、诚实、负责等美德。同时，品格教育理论强调协作，认为学校、家庭、社区应当共同参与到品格教育当中。

（6）关于德育本质的超越论

20 世纪 90 年代，鲁洁教授在"实践唯物主义"的基础上创造性地提出了"德育的本质就是超越"的超越论德育思想。该理论将实践作为首要观点，认为实践的本质是超越的，是人对自身所处环境的超越，德育作为培养人的实践教育活动，本质上也必然具有超越特性。

超越论是相对于适应论而言的：一方面，适应与超越不可分。德育对社会的超越是根植于适应社会的基础之上的。这种适应表现在德育受制于时代环境，受制于经济、政治的发展现状，应当从社会实际出发。另一方面，适应与超越相对立。超越论认为，德育超越的是现实世界，是按照可能世界超越于现实的道德理想培养人，促使人追求理想的精神境界与行为方式。因此，德育的最终目标是培养能够改造现实世界的人，以此推动社会发展。

基于教育学相关理论，微时代高职院校主体性德育模式在建构时应当从学生出发，注重人的品格的培育，注重人的发展需要的满足，强调主体的协作性与方法的实践性。

3. 心理学基础

（1）建构主义学习理论

行为主义、认知主义、建构主义是 20 世纪教育心理学的学习理论中最为重要的三种理论。20 世纪学习理论的发展可以概括为认知主义取代行为主义、建构主义取代认知主义的过程，这个过程正是学生主体性不断发展、主体价值日益彰显的过程。

20 世纪初，美国心理学家约翰·华生创立了行为主义（behaviorist）学习理论。行为主义者认为，学习是刺激与反应之间的联结。行为主义又可以被称为刺激-反应理论，其主要内容为：行为是学习者对环境刺激所做出的反应，所有行为都是习得的。在教学过程中，学生处于被动的状态，全面接收教师所传授的文本知识；教师则通过环境的创设，运用强化手段塑造或矫正学生的行为。行为主义忽略了学生对学习的需要、兴趣、态度等心理过程。认知主义（cognitivism）理论流行于 20 世纪 50 年代，主张学习的过程是外在世界的内化。教学实践中，教师应帮助学生学习客观知识，并将其内化为学生的认知结构，从而使学生的内在与客观的外在取得高度一致。该理论强调教师对客观知识的灌输以及学生对客观知识的复制与记忆。认知主义较行为主义的进步在于开始关注学习者内部的认知过程与认知结构，强调知识的内化，但仍然忽视了学生主体性的发挥。

建构主义（constructivism）综合了认识论、心理学、神经生理学以及其他学科的大量成果，是学习理论中行为主义发展到认知主义之后的进一步发展。建构主义学习理论的代表人物乔纳森直言，建构主义是向与客观主义更为对立的另一方向发展。因此，建构主义也被认为是当代教育心理学的一场革命。20 世纪 70 年代后，建构主义日渐兴盛，其对学习的基本解释为：学习者以自己的方式建构对于事物的理解，这种建构是认知主体能动性的建构活动，是一种动态的均衡过程，体现了结构与建构的辩证统一。概言之，建构主义与认知主义、行为主义的根本区别在于：学习是主动的积极的过程，学生依靠自己过去和当前发现的知识建构自己的思想。因此，唯一的理解标准是不存在的，这是心理学对于仁者见仁、智者见智的重要注解。

同理，建构主义对于德育的最大意义在于，道德不是"教"会的，而是学生在与周围环境的相互作用中、在道德实践中自我建构生成的。

（2）个体的异质化

法国心理学家古斯塔夫·勒庞在其著作《乌合之众——大众心理研究》中提出，心理群体是一个由异质成分组成的暂时现象，当足够数量的不同个体聚集在一起的时候，就像是诸多的有机质集聚在一起形成的细胞一样，当这些类别成分完全不同的细胞组成一个新的生命个体的时候，这个新生命个体的表现与构成它的细胞组织完全不同[①]。在群体心理中，原本是个体的突出才智可能被削弱，这造成群体中每一个人的个性也被削弱，表现为差别的异质化为同质化所吞没，无意识品质决定了群体的智慧。因此，群体具有明显的低智化和情绪化倾向。

虽然勒庞的观点有极端之处，但其"突出个体的异质化"的主张对于微时代的创新而言十分重要；对主体的关注与也高职学生的特点不谋而合，是主体独立性与个性的心理学阐述。

（3）积极心理学

与传统心理学关注消极之处和病态心理不同，积极心理学更关注人的优秀品质，是关于人的积极情绪体验、认知过程、人格特征的研究。它既关心建构人的乐观态度，满足人的幸福感、满意感的主观体验；又注重倡导在个体的成长过程中，运用积极的心理特征看待世界，建立和谐友爱的人际关系。同时，积极心理学关注人的社会责任感、利他行为、职业道德等社会性价值的引导与培育。

20 世纪 80 年代后，随着积极心理学的提出，消极层面的心理学，即认为心理学是针对心理患者的心理伤害、心理损伤或者自身心理缺陷的心理治疗的认识逐渐被取代。美国心理学家马丁·塞里格曼认为：积极心理学致力于研究人类的优势和美德，它催化心理学从只关注于修复生命中的

---

① ［法］古斯塔夫·勒庞著，戴光年译：《乌合之众——大众心理研究》，新世界出版社，2011 年，第 7 页。

问题到同时关注建立生命中的美好品质。积极心理学强调对人性的优点和个体价值的研究。一方面，认为心理学应当调整研究方向，其功能应当更加关注普通人的心理建设，而不应仅作为修补手段或者医疗手段针对患有心理疾病的病人开展；另一方面，强调心理学的引导价值比修补功能更为重要，应当倡导探索人的美德，注重人的优点，而不是人的弱点。

高职学生长期处于唯分数论的压抑之中，社会、家庭、学生个体都过分放大学习上的弱势，而忽略了对美德、优点的发掘，这是造成学生主体性欠缺的重要原因。积极心理学从个体价值的积极角度帮助学生正确认识自己，倡导乐观的心态，为道德主体的建设提供了情感上的支持与准备。

3.1.2 微时代高职院校主体性德育模式的政策基础

高职教育在很长一段时期内都是由政府推动的教育，政策引导对高职教育的定位、高职院校的发展而言至关重要。因此，微时代高职院校主体性德育模式必须具有政策基础的支撑。这些政策基础既包含高校育人为本的共有政策，也包括职业教育特有的"坚持产教融合、校企合作，坚持工学结合、知行合一"的四合原则。

1. 育人为本的教育政策

《国家中长期教育改革和发展规划纲要（2010—2020年）》指出："把育人为本作为教育工作的根本要求……以学生为主体，以教师为主导，充分发挥学生的主动性，把促进学生健康成长作为学校一切工作的出发点和落脚点；关心每个学生，促进每个学生主动地、生动活泼地发展；尊重教育规律和学生身心发展规律，为每个学生提供适合的教育。"[①] 坚持"育人为本"，就是要求高校将人才培养这一重要职能作为学校各项工作的中心，将学生视为学校的生存之本与发展之基。在教育过程中，将学生作为主体，坚持一切为了学生的进步与成才的原则，努力为学生的健康成长和全面发展创造条件，提高学生的科学文化素质和思想道德素质，使其发展为党的

---

① 《国家中长期教育改革和发展规划纲要（2010—2020年）》，2010年7月8日。

十八大报告中提到的具有"社会责任感、创新精神、实践能力"的一代新人。

育人为本的政策是对学生主体性地位的确认，需要落实到高职院校德育工作的实践之中。2004 年，中共中央国务院颁布的《关于进一步加强和改进未成年人思想道德建设的若干意见》和《关于进一步加强和改进大学生思想政治教育的意见》都提出道德教育要注重自主实践、自主参与，强调学生在学习道德知识的同时自觉遵守道德规范。

2012 年，时任教育部副部长鲁昕提出应充分认识职业院校德育工作面临的新形势，加强职业理想教育与职业道德教育，增强德育工作的职业教育特色，强化高职院校的主体性教育模式，不断提升高职教育的针对性和吸引力。[①]

2. "四合"的办学原则

高职院校与普通高校相比，有其独特的教育规律。从教育目标上来说，它是培养"高素质劳动者和技能型人才"的教育，满足经济建设的需要是高职院校的第一要务。因此，它与社会的衔接更为直接。在这个更加关注德育环境的微时代，要"坚持产教融合、校企合作，坚持工学结合、知行合一"的原则（以下简称四合原则），前者主要是对高职院校的要求，后者则重点强调对高职学生的要求。

（1）坚持产教融合、校企合作

产教融合、校企合作是世界范围内职业院校的办学理念。产教融合是指产业与教育紧密结合，包括依据产业转型升级的需求调整专业结构，调整人才培养方向；校企合作是指高职院校与企业寻求结合的具体模式，包括为企业定制人才，注重校企的文化融合与资源共享，注重学生在企业的实习实训等。德国在 19 世纪即开始引入"双元制"职业教育模式。20 世纪以来，以美国为代表的"合作教育"发展迅速。澳大利亚的"技术与继续教育"模式、英国的工读交替模式、日本的产学研合作模式，均在人才

---

① 鲁昕：《发挥文化育人作用　推进职业院校德育创新——在全国职业院校德育创新暨校园文化建设工作座谈会上的讲话》，《中国职业技术教育》2012 年第 22 期。

培养方面赋予企业明确的权利与责任。国外如此，国内亦然。在我国，职业教育为社会提供技能型人才，是经济社会发展的重要保障，应当以工学结合、产教融合、校企合作等职业教育的办学模式为基础，与企业、行业保持高度融合。2006年，《教育部关于全面提高高等职业技术教育教学质量的若干意见》指出："高等职业教育要全面贯彻党的教育方针，以服务为宗旨，以就业为导向，走产学结合发展道路。"[1] 2014年2月，李克强总理在国务院常务会议上部署加快发展现代职业教育，强调要促进形成"崇尚一技之长、不唯学历凭能力"的社会氛围；4月，178所高等学校共同发布的《驻马店共识》，以产教融合发展为主题，落实国务院常务会议做出的"引导部分普通本科高校向应用技术型高校转型"[2] 的战略部署。高职院校"职业教育"的特性，决定了其具有高度的校企合作热情，是产教融合政策最为主动的执行者。

为了培养企业需要的人才，高职院校总是想方设法深化与企业的合作——引企入校，冠名学院，教师下企业，等等。然而，在这一过程中，学校、企业的互动、合作热情是不对等的，在很多地方甚至出现了高职院校一头热的情况，这就需要激发企业的热情。对企业热情的激发需要关注以下方面：首先，与企业建立关系。高职院校通过为企业提供人员培训或者订单学生，满足企业需求，让企业信任学校，依赖学校，赞同学校的办学理念与办学方式，这是建立校企稳定性、长期性关系的基础。其次，加强人的合作。不管是教师下企业还是企业专家进校园，高职院校要通过人的合作促进与企业的文化融合。最后，深化事的合作。高职院校应当在教育教学设置、学生顶岗实习等方面深化与企业的合作，让企业、行业能够作为重要的德育主体参与高职院校的德育工作，激发其主动合作、主动参与的热情。诚如孙善学教授所言，高职院校对于顶层设计十分依赖，政策的导向是影响高职教育发展最为重要的因素。作为服务当代经济社会发展需求的高职教

---

① 《教育部关于全面提高高等职业技术教育教学质量的若干意见》，2006年11月16日。
② 《驻马店共识》，2014年4月26日。

育，应当在微时代背景下紧扣经济发展脉搏，求变、求新，立足对中国经济的分析、对产业结构调整的预测，进一步探索产教融合、校企合作的新型发展模式，激发高职学生的主体性，培养学生合理的知识结构及适应社会需要的系统能力，包括学习能力、创造能力、职业适应能力等。

（2）坚持工学结合，知行合一

相对于产教融合、校企合作而言，工学结合更为微观，是指在学生个体的层面，将工作与学习相结合的教育模式。工学结合是在实践中完成的。恩格斯认为，"劳动创造了人本身"，劳动和实践使人从自然界中提升出来。自人类产生之日起，作为人类特性的自我意识便伴随实践能力的提高而不断升华，人的需要通过实践活动不断获得满足。对个体来说，其主体性的获得同自身实践活动关系密切，指向对象世界的实践活动不但改变着人本身，也使客观世界逆转为属人的主体化世界。因此，为了有效地改造主客观世界，个体应不断提高自身的实践活动能力，完成自我发展、自我实现、自我超越。高职院校的上班式课程、体验式教学，高频率、长时间的实习实践为高职学生实践能力的锻炼与提升提供了良好条件；高职学生兴趣转移快、新事物接受能力强的性格特点，为高职学生实践能力的提升提供了动力保障；职业教育中的技术技能要求为强化高职学生的实践能力提出了职业要求。只有工学结合的方式才能不断挖掘学生的实践潜能，激发学生的主体性。人的主体性是具体的、历史的、实践的，人们在生产实践过程之中结成不同地位的社会关系，产生了不同的主体需要与价值尺度。因此人们往往以性质相异的主体性为基础，从个体所持有的思想、观点出发认识世界与改造世界。微时代的主体性本质决定了随着理论学习、实习实践、活动教育的开展，高职学生的主体地位备受关注，认知能力、情感体验控制能力迅速增强，能动性、自主性、创造性日益提高。微平台的便捷性促进了德育方式的改进，促进了高职学生的工学结合，加快了高职学生主体性的发展速度。

知行合一的思想在我国明代已经出现。思想家王阳明认为，知是行之始，行是知之成。知是对道德的正确认知，知的对象是社会认同的道德规范,属于理论范畴；行是指道德实践,属于实践范畴。知行合一是指以"行"为基础,以"知"为指导,通过实践、认识、再实践、再认识,循环往复,不断创新。王阳明的思想与程朱理学不同,在朱熹看来,知先行后,行重知轻王阳明则强调知行的辩证统一关系,认为知是行的主意,行是知的功夫,知行本就一体。所谓知行合一是针对两种情形：一种是懵懵懂懂地任意去做,全不解思维省察,也只是个冥想妄做,所以必说个知,方才行得是。另一种是茫茫荡荡悬空去思一索,全不肯着实躬行,也只是个揣摩影响,所以必说一个行,方才知得真。古人补偏救弊才强调知行合一而已①。作为重要的哲学命题,知行合一要求人的道德认知与道德行为应当保持一致,引申意义为知识学习与实践的有机融合；道德行为能够带动对知识的探求,知识的探求又能够促进人们的道德行为。之后,知行合一的思想在教育领域得到了发展：杜威认为行和知是良好的伴侣,陶行知将知行合一的思想发展为教学做合一。高职院校中,知行合一要求高职学生能够通过道德情感将道德认知与道德行为相统一,以有效克服实际中存在的知行不一的问题。

3.1.3 微时代高职院校主体性德育模式的实践基础

高职院校与普通高校相比发展时间短、办学规模小,即使被视为规模庞大的高职院校——如在校生达到18000人的长沙民政学院——也只是与中等规模的普通高校不相上下。这使得高职院校能够灵活开展德育模式创新的实践：首先,没有传统观念的束缚。发展时间短决定了高职院校不存在根深蒂固的德育观念或德育模式,在创新方面拥有了敢想敢干的天然优势。其次,无尾大不掉的担忧。办学规模小决定了高职院校能够举全校之力进行德育模式的创新,能够及时收集反馈信息并予以纠正。最后,高职院校本身的应用性、实践性决定了德育模式的创新绝非纯粹的理论研究,而是实践中的创新。在微时代,高职院校作为高素质技术技能人才培养的

---

① 王阳明编著,张靖杰译注：《传习录（明隆庆六年初刻版）》,江苏凤凰文艺出版社,2015年,第64页。

主体，愈来愈重视与企业、行业的合作、融合。这种融合的基础是高职院校、企业行业均将关注"人"作为自身的发展目标或发展战略，这是主体性德育模式建构的重要的实践基础。

1. 高职院校关注人

教育是党的事业，是社会主义现代化建设的基础，必须为社会主义建设服务。而人是教育的中心，既是教育的出发点，也是教育的归宿。教育通过人的交往活动进行，作为主体的人在教育活动中得到成长与发展。因此，教育应当以人的发展为根本。高职院校对人的关注表现为以人为本。以人为本的科学理念落实到高职院校人才培养的任务上，就是要以学生为本：一方面，以学生为本是将学生视作学校的生存之本和发展之基，尊重学生、服务学生，努力为高职学生健康成长和全面发展创造良好条件；另一方面，确认学生在实习实践中所体现出的半职业人的身份特征，为走上岗位、进行工学结合的学生提供教育教学的便利与服务。

2. 企业、行业关注人

企业关注的人，对外是客户，对内是员工。关注客户最重要的是为客户提供优良的服务，提供良好的产品体验。中国知名餐饮企业"海底捞"就是将服务做到了极致，让顾客感到了充分地被关怀与被尊重，从而让这样一个中国本土企业的经营模式入选了哈佛商学院的经典案例。关注员工包括关注全体员工，全球知名的大型综合性跨国企业集团"索尼"的企业文化正是关注人的因素和民主作风，设法淡化等级观念；海尔 CEO 张瑞敏也强调，启动企业要从人开始。社会发展的最终目的是为人服务，这决定了企业建设与发展必须以人为本：包括尊重人的价值与体现人的尊严。市场经济本质上是人本主义的经济，企业文化的创新要将以人为本融入创新、协调、绿色、开放、共享的发展理念之中，融入生产实践的各个环节。

3.2　微时代高职院校主体性德育模式的德育目标

德育模式是理论与实践的联结。因此，对于德育模式的研究应该既有理论构架，也有现实实践。关于德育模式的理论架构，陈秉公教授提出的"综合教育论"很有借鉴意义，他将德育过程的结构概括为"三体一要素"："三体"即三个独立的实体，包括教育者、受教育者与教育环境；"一要素"是指媒介要素，包括教育目的、教育内容、教育手段、教育活动，强调在德育的过程中要综合运用"三体一要素"的理论。

本书认为，德育模式的架构中，德育目标、德育主体、德育内容是理论要素，属于德育模式的实体部分；德育方法、德育途径、德育评价是德育模式的实施要素，属于德育模式的形式部分。理论要素与实施要素的区别在于：第一，理论要素较实施要素更为稳定。例如，每名德育教师都是教育主体，这是相对稳定的；容易变化的是其授课方式，不同的教师在不同的时期，其教育的方法会产生一定的变化。第二，理论要素是静态的，实施要素是动态的，德育模式理论与实践的联结最终要依靠实施要素来实现。第三，理论要素是目的性的；实施要素是工具性的，是为了确保理论要素的提升与实现。

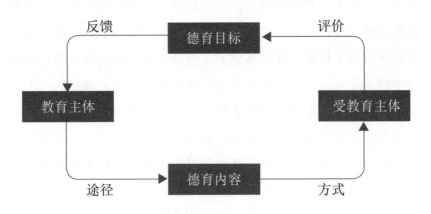

图1　德育模式构架图

将理论要素与实施要素相融合，德育模式可以动态地概括为：教育主体为了实现德育目标将德育内容通过德育途径和方式传递给受教育主体，运用德育评价对德育目的的实现与否及实现程度进行衡量并根据反馈修正相关德育要素，最终促进德育模式的调整与完善，形成德育模式运行的闭环。

德育模式由此进入了良性的动态可循环过程，这符合德育模式开放性、转换性、包容性的特征。

　　主体性德育模式本身并非一个全新概念，但将其结合高职学生特点置于微时代环境进行研究则是新的视角。微时代高职院校主体性德育模式应当以主体性德育模式的内涵为基础，做出更为具体的界定，即以应对微时代的机遇与挑战为思路，以激发受教育主体与教育主体的主体性为基础，以培养高职学生的主体性道德人格为目标，设计德育内容、德育途径、德育方法，并通过德育评价的反馈形成的具有动态性、发展性的德育模式。

　　微时代高职院校主体性德育模式建基于主体性理论之上，具有与德育模式相同的构成要素，但在运行实施过程中，其关注人，尊重主体地位，激发主体能动性、自主性、创造性的特征决定其建构中的双向循环特性。

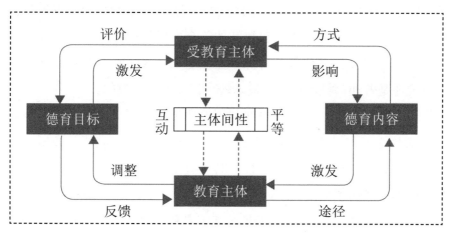

图 2　微时代高职院校主体性德育模式构架图

　　德育目标是微时代高职院校主体性德育模式的重要构成要素，是德育模式建构的重要一环。要对微时代高职院校主体性德育模式进行系统研究，首先需要明确德育目标，这是德育模式的方向与定位。

3.2.1 微时代高职院校教育目标的演变

　　教育目标，是指教育培养的人才应当达到的预期标准。对于教育目标，学界向来存在重社会性与重主体性的争议。涂尔干认为，教育目标在于将个体培养成为社会的一分子，教育应当遵循人的社会性，完成培养社会人的任务；约翰·弥尔顿也认为：教育的真正目的是培养现实生活所需要的有用人才，而绝不只是漂亮的摆设。

《完人教育论》的作者小原国芳则强调教育目标应回到人，进行关于"人的教育"才能称为真正的教育。教育是为培养人才服务的，对人的主体回归，正是主体性的根本彰显。哈佛大学原校长尼尔·陆登庭认为，大学能够提供无法用金钱衡量的最佳教育，这种教育既赋予学生较强的专业技能，也能够提升学生善于观察、勤于思考、勇于探索的能力，从而促进学生健全完善的人格的塑造。①

在政策领域，教育目标也存在更为关注社会性或者更为关注主体性的区分，只是这种区分并非非此即彼的关系，而是两者相融的辩证发展过程。党的十八大报告提出，要"培养德智体美全面发展的社会主义建设者和接班人"②，这是我国总体教育目标，显然更加侧重于社会性的阐述。无论高职院校还是普通高校，在这一根本教育目标上是一致的。

厉以宁教授认为，新的人口红利不但要依靠专业人才的培养，也要依靠庞大的熟练工人、高级技术工人队伍的形成③。鉴于高职院校所遵循的特殊发展规律、培养人才的特殊性，其具有更为具体的教育目标，这一教育目标的形成经历了多次调整：

1991 年，《教育部关于加强普通高等专科教育的意见》指出，普通高等专科教育要"培养能够坚持社会主义道路，适应基层部门和企事业单位生产工作等一线需要的，德、智、体诸方面都得到发展的高等应用型专门人才"。1999 年，《中共中央国务院关于深化教育改革全面推进素质教育

---

① 尼尔·陆登庭著，刘莉莉译：《21 世纪高等教育面临的挑战》，《高等教育研究》1998 年第 4 期。

② 《坚定不移沿着中国特色社会主义道路前进 为全面建成小康社会而奋斗》，2012 年 11 月 8 日。

③ 厉以宁著：《中国经济双重转型之路》，中国人民大学出版社，2013 年，第 684 页。

的决定》指出，"高等职业教育是高等教育的重要组成部分。要大力发展高等职业教育，培养一大批具有必要的理论知识和较强实践能力，生产、建设、管理、服务第一线和农村急需的专门人才。"2000 年，《教育部关于加强高职高专教育人才培养工作的意见》指出，"高职高专教育是我国高等教育的重要组成部分，培养拥护党的基本路线，适应生产、建设、管理、服务第一线需要的，德、智、体、美等方面全面发展的高等技术应用型专门人才。"2005 年，《国务院关于大力发展职业教育的决定》提出，"以服务现代化建设为宗旨，培养数以亿计的高素质劳动者和数以千万计的高技能专门人才。"2011 年，《教育部关于推进高等职业教育改革创新引领职业教育科学发展的若干意见》将高职教育人才培养目标表述为培养"高端技能型人才"。2013 年，党的十八届三中全会指出，要加快现代职业教育体系建设，深化产教融合、校企合作，培养高素质劳动者和技能型人才。这是当前对高职教育目标最为权威的政策表述。

从具体的教育目标来看，普通高校侧重于培养应用型人才、研究型人才，而高职院校教育目标则在几十年中经历了培养"应用型人才"到培养"实用型人才"，再到培养"高素质劳动者和技能型人才"的演变，这一演变过程本身正是高职教育的教育目标不断从社会性向主体性过渡的表现。

3.2.2　微时代高职院校德育目标的内涵

德育目标，是指在德育过程中，通过教育主体有意识、有目的的道德教育活动，引导受教育主体在思想、政治、品德、情感、行为等方面达到预定的要求。高职院校的教育目标与德育目标是包涵与被包涵的关系。高职德育作为教育的重要组成，服务于培养"高素质劳动者和技能型人才"的教育目标。

微时代高职院校主体性德育模式中的德育目标的设定应遵循两个原则：

第一，符合时代需要。20 世纪 50 年代我国刚刚解放之时，需要凝聚人心，汇聚爱国力量。因此，德育目标确定为"爱祖国、爱人民、爱劳动、爱科学、爱护公共财物"的"五爱"精神。1978 年，党的工作重心转移到经济建设上来，学校德育随之发生历史性转变，形成了"培养有理想、有道德、有文化、有纪律的社会主义公民"的"四有公民"的德育目标。微时代中，高职学生主体性面临各种挑战，德育目标需要建构于主体性德育模式的基础之上，回应这些挑战。

第二，关注人格培养。一方面，德育关注培养善良人格。罗素认为，在干涉学校教育的各种力量之中，没有一种力量是站在关心学生自身幸福的立场上，国家想把学生培养成驯服公民，教会想用学生增加教士的势力，德育成了控制人的工具，而德育的最初目的——人格的培养却被忽略了。斯普朗格一针见血地指出，德育绝非单纯的文化传递，而是一个人的人格心灵的"唤醒"。可见，道德教育的目的在于养成善良人格。另一方面，德育目标注重"成人"而非"成圣"。正如雨果所言，做一个圣人，那是特殊情形；做一个正直的人，那却是为人的常轨。主体性德育模式设定的德育目标是关于成"人"的目标，是关于人的主体性的引导与释放。马斯洛认为，德育的根本目标是人的自我实现，是丰满人性的形成，是人类或者个人能够达到的最高度与最全面的发展。[①] 简言之，是帮助个体达到其能够达到的最佳状态，这与康德的表述如出一辙。康德认为，人不应该被作为手段，不应被作为一部机器上的齿轮。人是有自我目的、自觉、自主的个体，能够引导自我的内心，能够出于自身的理智并按自身的意愿行动；德育的本质并非为了压抑人的个性，而是为了完善人的个性。无视学生主体性的德育只能培养出缺乏能动性、自主性和创造性的个体。

人格是主体独特的精神世界，是内化与外显的统一，能够内化为人的个性，也能够外化为人的行为。道德人格是主体具体人格的道德性规定，是人道德品质的统称，相当于人的品格。关于道德人格的组成，有学者认为它是某个个体特定的道德认识、道德情感、道德意志、道德信念和道德习惯的有机结合。[②] 按照品格教育理论的观点，本书认为，道德品格由主

---

① ［美］马斯洛著，许余和译：《动机与人格》，华夏出版社，1987年，第85-115页。
② 肖川：《德育新观念：主体性道德人格教育》，《北京教育》1998年第5期。

体的道德认知、道德情感、道德行为构成。

　　为了彰显微时代的本质与时代精神，培养高职学生的善良人格，激发受教育主体的主体性，微时代高职院校主体性德育模式中的德育目标应界定为：培养学生的主体性道德人格。主体性道德人格是指主体的能动性、自主性、创造性得到充分发挥的道德人格，是主体道德的内在规定性，其形成是主体由内而外的自我建构过程。主体性道德人格突出主体的精神性，是微时代本质与时代精神在个体人格上的凝聚与表征。

　　主体性道德人格的组成要素包括独立、自觉的道德认知，丰富的道德情感（表现为积极的态度、坚定的意志、自由的思想等），主动并具有创造力的道德行为。道德认知是对规范准则的认识与判断，是道德人格的基础；道德情感是一种内心体验，是非智力的心理因素，包括态度、兴趣、意志等，是道德自我构建的核心；道德行为是认知与情感的外显，是道德的最终反映。

　　主体性道德人格作为德育目标具有整体性。虽然德育内容的设计上，会对主体性道德人格的组成要素进行一些侧重与引导，例如，价值观教育关注培养道德认知，情感教育注重培养道德情感，然而这并不排斥主体在价值观的认知中自觉产生了道德情感，或在道德情感的作用下主动进行道德行为。因此，主体性德育模式的建构是为了实现培养主体性道德人格这一总的德育目标的。对主体性道德人格组成要素的解构，更为重要的意义在于德育评价方面：它不仅能够衡量主体性道德人格的形成与否与形成程度，也能够为德育模式的调整提供反馈。

第 4 章

微时代高职院校主体性德育
模式的德育主体

德育主体包括教育主体与受教育主体。高职院校既要强调学生的主体性，正视微时代对受教育主体带来的挑战，以此作为德育模式建构的重要考量，也要激发教育主体的主体性，以引导高职学生的主体性实现，这种主体与主体之间的相互作用构成了主体间性的基础。

4.1 微时代高职德育受教育主体的主体性面临挑战

高职德育的受教育主体特指高职学生。在微时代，高职学生存在的自卑情结、自律缺陷、知行不一的特征被放大。随着信息的裂变、移动互联技术的推广，微时代对高职学生本就欠缺的主体性带来了更大的挑战。

4.1.1 主体的能动性为信息茧房与多元思潮所捆绑

微时代高职学生的主体能动性面临信息茧房与多元思潮的挑战。

1. 主体意识被"信息茧房"所捆绑

随着微平台的发展，微时代充斥着各种各样的信息，民众拥有了更多的资讯选择权利。按照哈佛大学法学院教授凯斯·R. 桑斯坦的理论：人们只选择与自己想法相似或有共同点的集团，形成一个个小的"信息茧房"和回音室。在"信息茧房"中，人们又只是倾听自己所选择的东西和愉悦自身的信息，形成了量身定制的"个人日报"，这会促进信息茧房的进一步发展。这种过度的自主选择使个体生活陷入定式化与程式化，割裂了接触与了解不同事物的机会，很容易造成偏激的错误、过度的自信和没道理的极端主义。

信息茧房会造成"网络巴尔干化"。麻省理工学院的马歇尔与埃里克提出：互联网分裂成了无数小群体，它们"人以类聚"，表现出群体内同质、群际异质的特性，这正是微博、微信等微平台的显著特征，被称为"网络巴尔干化"。微信中的朋友圈是小群体对自己偏爱的交流范围的选择，志趣相投的人长时间交谈，互相点赞、评论，交流思想，逐渐形成了趋同的风格。熟人之间的信息发布能够得到其他人的认同，满足了被关注的需要。而群体与群体之间不仅表现为形式上的相对封闭，实质上也呈现出明显的话语隔阂、认同困难与沟通障碍。在微信平台上，高职学生的主体性容易被"同质的群体"所生产的信息茧房束缚。

信息茧房往往导向负向情绪的选择。一方面，微时代是信息爆炸的时代，完整浏览所有信息变成了困难甚至不可能完成的任务。高职学生知识基础薄弱以及具有自卑情结的问题导致其不能全面客观看待事物，人云亦云，判断力不强。另一方面，高职学生借助移动互联的平台，能够更便捷地在互联网上"冲浪""灌水""拍砖"。在获取信息的同时，他们也产生了消极影响：高职学生对碎片化信息的整合能力不强，容易以偏概全；高职学生对负面信息的接受快，负向情绪难以化解。在信息的选择上，往往用情绪的宣泄代替理性的判断，负向信息的选择成了常态。诚然，这些信息更能博人眼球，但却对正能量的传播形成了抵消，使高职院校学生的主体意识与道德认知被"信息茧房"捆绑住。

2. 主体面对多元思潮陷入选择困境

美国著名天文学家史托尔认为，因特网是有史以来存在于现实世界中最接近无政府状态的东西。这种所谓的"无政府状态"，形象描述了多元思潮共生共存的现状。作为更加关注个体的微时代，多元思潮的呈现状态更为复杂。正如心理学家罗伯特·舒勒所强调的，依赖性强、缺乏主见的人会在暗示的作用下偏离轨道，因为这些人的神经相对脆弱，对于事物缺乏坚定的观点，个人信念摇摆不定，极易受到他人的影响。价值观尚未完全形成的高职学生，在微时代更容易陷入主体信仰缺失或者信仰多元的极端选择困境。

（1）微时代多元思潮具有复杂的成因

首先，现代社会的重要特点即为多元文化的共生共存。据统计，全世界约有2/3的国家和地区属于多元文化社会[①]。多元文化的存在势必造成多元思潮的挑战，这是世界性趋势。

其次，在微时代，"影响大学生价值观形成的主体被人人化……每个人都可以成为价值观的影响者和被影响者。"[②] 这种多向选择加速了价值观多元化。一方面，高职学生的价值观尚未完全形成，在多元思潮的影响下，稳定性、持久性更加缺乏。另一方面，通过微平台进行传播的多元思潮，容易造成高职学生价值观选择的混乱与盲目。

最后，信息碎片化拆解了主流思潮的完整性。微时代，碎片化本身加大了主体对信息的筛选与辨别难度。高职院校学生理论知识薄弱，对信息筛选辨别缺乏判断基础，因此更易受到各种思潮的冲击，发生生活状态的改变，产生理想信念的混乱迷失。正如美国《前线》杂志前主编克里斯·安德森所言，主流文化正在分裂成无数的文化碎片，主流思潮也面临着同样尴尬的境地。微时代，主流思潮的完整体系被切割，以碎片化的信息形式同其他思潮一起传递给高职学生。这些如同拼图一样被打乱的碎片，很难被学生理性整合并且通过其中一部分做出正确的判断与选择。对主流思潮完整性的拆解，削弱了其科学性的表达。因此，主流观点受到质疑的现象在一定范围内、一定程度上是存在的。

---

① 张鸿燕、王培培：《韩国道德教育现代化进程的文化透析》，《教育探索》2014年第2期。
② 张务农：《新媒体对大学生价值观的负面影响及对策》，《教育探索》2012年第9期。

（2）微时代高职院校价值观教育面临挑战

这种挑战体现在"授"与"接"两个方面，其根源是价值观引导的被淡化。在微时代，信息的传播被"去中心化"，没有人能掌控信息的发布与扩散，每个人都是信息的制造者与传播者，即便是网络权威，也只能引导而无法决定一种信息的存在与否。这为多元思潮的传播奠定了基础、提供了渠道。对于学生而言，微时代刺激了移动互联便捷性的提升，传统的互联网终端——台式电脑、笔记本电脑已然不再是微平台的主要载体，手机、平板让随时随地刷朋友圈、晒自拍照成为时尚。借助移动互联网络，信息传播速度成几何级数增长，不管愿不愿意，一名学生每天都能够通过微平台接收上百条信息，而且不会受到监督与控制。在这种情况下，一些别有用心者往往利用微平台传播不实的信息、扭曲的价值观。同时，浅阅读容易催生擅长"微新闻"的标题党。为了增加点击量与关注度，"标题党"常常断章取义，忽略对事实的全面完整描述，误导大众，这会冲击核心价值观的培育，影响正常稳定的社会秩序。

4.1.2 主体的自主性陷入微平台依赖与"沉默的螺旋"

微时代高职学生的自主性受到微平台依赖与沉默的螺旋的挑战。

1. 主体的独立思考受制于"微平台依赖"

微时代的高职学生对微平台过度依赖。依靠移动互联技术，过多的移动终端提供了微博、微信等微平台的接入，这造成了"低头族""手机依赖症"队伍的不断扩大。上课、吃饭、睡觉……高职学生已经到了无处不手机、无时不微信的时代。微时代的"移动"文化，对"知行合一"的德育实践、受教育主体道德情感的养成带来了极大挑战。

（1）浅阅读阻碍了主体的独立思考

美国学者艾德勒与范多伦在《如何阅读一本书》中提到，阅读的主要目标是获取咨信与提升理解，后者比前者困难得多，但确是提升自己的重要途径。在微时代，伴随移动互联网络技术与移动终端的发展，屏幕数量趋于泛滥，个体在微平台上阅读和写作的数量逐渐增长。然而，这并非对图书的系统阅读与深入阅读，是屏幕阅读，即浅阅读。在微时代，浅阅读已经成了高职学生获取信息的主要方式，同时加深了受教育主体对微平台的依赖；与之相对的传统阅读则是深阅读，是精神思考，与道德生活息息相关。深阅读的这种文化积淀与传承功能是浅阅读所不具有的。正如当代著名作家叶广芩所言，在微时代，人们在浅阅读中遗失了沉静的心态、人格的韵味与德行的操守，对单纯获取咨信的追求抑制了主体的主动思考，阻碍了主体独立思考能力的提升。

（2）对微平台的依赖限制了主体的社会交往

就表象来看，微时代提供的微平台拓展了人际交往的时间、空间界限，然而究其本质，虚拟交往使很多高职院校学生成了"微控"，沉溺于微博、微信甚至于将虚拟网络当作精神寄托，造成了实际生活中社会功能的缺失，反而降低了主体的现实交往能力与社会实践能力。

独立思考、社会交往是主体自主性发展的重要条件，"微平台依赖"限制了个性的形成，进而影响了学生主体性的形成。

2. 主体的自由意志淹没于"沉默的螺旋"

在政治学和大众传播领域存在一个著名的理论——"沉默的螺旋"，这是由德国学者伊丽莎白·诺尔-诺依曼最先提出的。她认为，大众传播具有有意识的累积性、普遍性、共鸣性的特征，舆论的形成与大众媒体营造的意见气候直接相关。在信息传播过程中，多数个体会力图避免因独自持有某些态度或信念而形成的孤立，这使得个体不愿意将不受认同的意见表达出来。个体一旦了解哪些观点是占优势的或者得到普遍支持的，便会针对自己与外界环境进行主观或客观的比较。如果认为自己的意见同优势观点不一致，就会沉默起来，进而不断调整或改变自己的看法，迫使自己的观点和优势意见趋于一致，这种一方大力宣扬自己观点而另一方渐渐沉默的倾向被形象地称为螺旋的过程。通过这一过程，一种意见不断上升，最终成为主流意见。[①] 沉默的螺旋会约束主体的自由意志，淹没民众对事

---

① 彭兰著：《网络传播概论》，中国人民大学出版社，2009 年，第 352 页。

物的判断，不愿被孤立的少数派会放弃自己哪怕是正确的观点，这是多数意志对少数意志的绑架，在这一过程中表面上被张扬的民主实际上则是遭到了破坏。

（1）沉默的螺旋会造成高职学生的非理性

对于道德判断力不强的高职学生而言，这容易形成两个极端：要么是在大众的主体舆论中不敢发声，人云亦云，容易被误导；要么基于对被关注的渴求，用极端言论吸引注意，造成发声的非理性。这正是心理学上群体极化效应的表现：在群体中，个人决策由于受到群体的影响，往往容易做出比独自一人决策时更为极端的决定。

（2）沉默的螺旋会加速负面情绪的传播

主体容易在周围环境的威慑下产生消极的心理暗示。心理学上有著名的"踢猫效应"，说明负面情绪是非常容易传染的，这种情绪的传染替代甚至绑架了主体意识。冯仑在《理想丰满》一书中如实记录了一段他用笔名"风马牛"与两位90后学生的交谈，这可以作为沉默的螺旋加速负面情绪传播效应的佐证。

风马牛：我没上过人人网，你觉得像这些年轻人上的网站，对于一个公众事件，大家是跟着政府媒体走的多，还是独立判断、反对的多？

康蕊：不一定是独立判断，但绝大多数都是和主流观点相反的。现在人人网也会进行过滤。

何怡：现在网上反动的段子非常多，提到主流的都是讽刺。

康蕊：基本上没有正面的。有正面就会有人骂，基本上一个人说"好"，然后就会有99个人站出来说"不好"。①

沉默的螺旋会造成话语权的实质不对等，从群体心理学的角度看，这容易产生社会流瀑效应（social cascades），即大多数人都相信一则谣言时，其他人也很容易相信那则谣言。之所以相信他人的说法、接受他人的观念，是因为自身缺乏相关知识信息的积累，无法做出正确的判断。对于高职学

---

① 冯仑著：《理想丰满》，文化艺术出版社，2011年，第641页。

生而言，知识积累不足，社会阅历不足导致信息不对称，受到流瀑效应影响的可能性更大。以微时代的典型交往平台——微博为例，微博中的意见领袖具有特权，典型的表现是话语权，这是通过巨大的"粉丝量"积累而来的。一个有着1000多万粉丝的意见领袖与一个只有几十个粉丝的普通用户，其话语的影响力无法相提并论。在微博中，普通用户通常只有获取信息的权利，这种获取容易陷入流瀑效应之中，这是沉默的螺旋理论在微博上的表现。因此，意见领袖、网络大"V"的意见表达及如何表达对于民众具有至关重要的影响。

沉默的螺旋导致主体选择的不自由，这种不自由渊源于学生的自卑情结以及情感缺乏，无法将道德认知转化为道德情感，从而主动践行道德行为。

4.1.3 主体的自由性为"自由即任性"的认知所误导

微时代主体的自由性是主体发展、社会进步的必然要求，它的核心是意志与行为的自由。然而，自由绝非任性，它也有边界和限制。在人的成长过程中，就主体自我意识发展的逻辑与阶段而言，"任性"式的自由不可避免。在儿童时期，"任性"是正常的，成年人应对其予以理解并加以引导，而与儿童相比，成年人之所以为"成年"人，不在于其年龄，而在于其意志的理性与否。当然，成年人虽然是为理性所引导的，但有时也会冲动甚至任性，这种非理性是主观随意的，是不自由的。为了避免这种冲动，成年人形成了共同认可的对付自己非理性行为的规范——自由享受权利的同时必须承担行为的责任，从而通过对自己的行为以及行为后果的反思或者有意识的调整来实现自我意识上的真正自由。于是，成年人的冲动或者任性，反而成为促使其实现真正自由的中间环节，即黑格尔所谓的单单由自然冲动所规定的意志和绝对自由的意志之间经过反思选择的中间物。

上述成年人的应然状态并不完全适用于高职学生，就认知的理性程度和意识的成熟程度而言，高职学生表现出了年龄与主体性的不匹配：难以自发形成责任意识。萧伯纳认为，自由意味着责任，这就是为什么大多数人都畏惧它的缘故。在微时代，微平台的相对封闭性是一把双刃剑：一方面，它让高职学生畅所欲言，话语权得到空前增强；另一方面，它加大了监管的难度，意志表达的便捷性、自由性带来了意志表达的随意性；随意性造成了意见表达的不负责任。同时，微平台的封闭性造成学生逃避了公众的监督与行为道德与否的社会评判，以此回避责任，回避正面冲突。

4.1.4 主体的创造性为"泛娱乐化"所消解

20 世纪三四十年代，奥尔德斯·赫胥黎就曾在《美丽新世界》中描写过民众因为对于娱乐的无穷欲望而甘愿受工业技术的奴役，放弃思考与自由的权利，赫胥黎天才的预言已经在微时代被"泛娱乐化"的现象所充分证实。纽约大学教授尼尔·波兹曼最早明确提出"泛娱乐化"的概念，他在《娱乐至死》一书中指出："我们的政治、宗教、新闻、体育和商业都心甘情愿地成为娱乐的附庸，毫无怨言，甚至无声无息，其结果是我们成了一个娱乐至死的物种。"[①] 在波兹曼看来，把文化变成娱乐至死的舞台与将文化变成监狱一样，都是能够让精神枯萎的危险方式。

微时代泛娱乐化的倾向更为明显，微平台中的娱乐化信息愈来愈受到人们的追捧。这造成了消极影响：第一，微时代的泛娱乐化扭曲了大众的价值观，降低了大众品味；第二，微时代的泛娱乐化降低了整个社会的公信度；第三，微时代的泛娱乐化降低了微平台的信息咨询功能。

对于高职学生而言，泛娱乐化成了主体创造性发展的重大障碍，这是由于娱乐的随意性与创造力的自由意识之间存在质的区别与不可调和的矛盾。当然，这并不排斥存在一定的能够将思想性和创新性相融合的娱乐性，例如，2011 年 7 月，南京理工大学的录取通知就使用了淘宝体，虽然引起众多非议，却颇有新意地将学生特点与微时代亮点进行了结合。这种娱乐应当有度地进行限制，绝不是"恶搞"，更不是娱乐至上的泛娱乐化。

---

① ［美］尼尔·波兹曼著，章艳译：《娱乐至死》，广西师范大学出版社，2004 年，第 5 页。

4.2 微时代高职德育教育主体的主体性需要激发

德育教育主体涵盖的范围是探讨主体特性的前提。就高职院校而言，教育主体主要涉及三类：第一，高职院校的教职人员。高职院校德育教育主体常常被等同于辅导员＋德育专业教师的组合，这既忽略了专业教学承载的德育职能，也忽视了榜样学习在高职学生道德行为养成中的重要价值。按照全员育人的观念，高职院校所有的教职员工都是德育的教育主体，在编非在编、校内人员与外聘人员只是当前社会发展阶段学校的内部区分，并不具有对外的效力。对学生而言，教职员工是学校的代理人，是在获得学校授权的情况下，与学生建立关系并且开展各项教育教学活动或者进行服务管理，其一言一行都是德育的表征。因此，本书涉及的教师概念，是对高职院校教职人员的统称。第二，实习单位的指导教师。高职院校具有的顶岗实习这一特殊阶段决定了德育的教育主体并非仅限于校内教职员工，实习单位的工作人员同样具有德育的职责。与校内教育主体涵盖的范围类似，实习单位的教育主体不仅包括受教育主体的技术技能指导，还包括人力资源、行政管理、后勤服务等各个部门的工作人员。第三，家庭成员。作为德育最为重要的单位及学生德育的启蒙单元，家庭德育具有无可比拟的重要性。鉴于家庭德育的全民普适性，本书不作重点研究。本书所涉及的教育主体主要指代前两种，即高职院校的教职人员与实习单位的指导教师。

微时代，高职德育的教育主体面临多种挑战。第一，个体无法完成德育任务。在微时代，平台多样化、思潮多元化使得任何单个的教育主体都无法完成德育任务，需要"大德育"的理念整合德育力量。大德育是指"遵循教育规律和学生成长规律，把单一的德、智、体、美等分离培养的体系转变为按照人才培养目标，综合研究、整体规划、相互结合的一体化的培养体系……形成全方位育人、全员育人的目标体系和工作格局"[①]。大德

---

① 于成学、赵国刚：《论"大德育"语境中的高校人才培养》，《思想教育研究》2012 年第 10 期。

育具有全面性、全员性、协同性的天然特征，在微时代，大德育势在必行。第二，课堂中的权威被消解。在微时代，高职院校我讲你听的德育授课方式已经远远落后于时代的发展与学生的需要。尤其面对思维活跃、对主流课堂兴趣较低的高职学生时，教师的身份对于确立其权威而言绝非充要条件。教师不仅要在讲台上影响学生，更要在学生的常规活动区域——微平台上占据德育的主动。因此，微平台能够也应当作为高职院校德育的重要阵地。这一"阵地"所具有的开放性、多元性决定了如果教育主体放弃引导，一些负面的东西就会乘虚而入。这要求教育主体把握微时代德育的规律，根据学生需要设置德育情景并进行适当、适度的引导，进而确立自身的微平台话语权，成为具有影响力的大"V"。第三，单一的知识结构受限。德育本身就是一项复合型的教育工作。哲学、政治学、心理学等涉及道德意识培养与道德行为养成的学科，教育主体都需要有所涉猎，就德育而德育的方式是不可行的。在微时代，高职学生处在各种思潮的交流与碰撞时期，主流价值观先天的优势已荡然无存，教育主体要完成好德育的工作，比任何时代都要困难得多。这就要求教育主体不仅要有扎实的基本功，还要有创造力，要有对学生特点的捕捉力。简言之，微时代高职德育的教育主体应该是具有多项技能的复合型人才。

在主体性德育模式建构过程中，无论是教育主体还是受教育主体，都存在激发主体性的需求。首先，需要激发受教育主体的主体性，德育要将受教育者看成能动的、独立的主体，承认受教育者的主体地位，尊重其独立人格，唤醒其主体意识，培养其能动性、自主性和创造性；其次，需要激发教育主体的主体性。其中，受教育主体的主体性是核心，教育主体的主体性是为了激发受教育主体的主体性而存在的。

4.2.1 教育主体创造性的激发

微时代，教育主体的主体性主要体现为创造性。"自人类有了教育活动以来，教师所担负的工作就主要是传习性的……教师的工作主要是与因袭、秉承、传递、重复、模仿等概念相联系。"[1] 朱小蔓教授认为，将教学视作重复性劳动的观点是教师及教师工作未获得充分尊重的根源。她将"以教育人文精神为基础的个人化的哲学观""开放性的知识结构及转识成智的能力"与"认知与情感相互协调发展的人格"作为教师创造性的认知视野。强调教育主体不但要有创造性思维，还应关注人格对创造性的影响，即通过教育主体创造性的激发培植受教育主体的创造性。具有创新特性的微时代赋予了教育主体创造性的条件和更多的创新可能。

1. 创造性的本质是重组

法国分子生物学家弗朗索瓦·雅各布强调，"创新就是重组。"教育主体的创新路径并非颠覆性的，而是对时代特征、社会需求、知识结构、自身定位等的再组织与再认识，主要包括三个方面：

（1）身份的再定位——从"领导者"到"引导者"

微时代的主体性德育模式放大了受教育主体的自我教育能力。随着德育途径、方式的不断创新，德育主体权威式的领导者地位早已为"服务学生"的观念所替代。教育主体愈来愈成为受教育主体的引导者、激发者，在德育课堂、德育活动等场合发挥协调与参与的功能，这是理念的转变，是德育主体创造性的要求。

（2）知识结构重构——从"单一式"到"立体式"

传统德育模式中的德育教育主体关注德育课程，包括教材、大纲、讲授的内容、方式等。在微时代，愈来愈多的教育主体意识到德育并非独立的内容，政治学、心理学、伦理学等学科的内容均有涉及，这倒逼教育主体的知识结构逐渐由单一转变为立体。德育主体为了实现引导者的新定位，需要兼具知识渊博的教师、阅历丰富的前辈、体察需求的益友等多重身份，这都要求教育主体不断学习，重构多维立体化的知识结构，并能够自我更新，在微时代的高速发展中保持独立性与创造性。

———————————

① 朱小蔓著：《关注心灵成长的教育——道德与情感教育的哲思》，北京师范大学出版集团，2012年，第439页。

（3）活动领域改变——从"学校人"到"社会人"

一方面，高职院校德育的教育主体应当把握行业需求。行业的发展需要高职院校给予教学、科研的支持以及大量高素质技能型人才的输送。因此，2010年，教育部批准成立了43个行业职业教育教学指导委员会（以下简称行指委）；2013年，43个行指委被重组，并增设能源行指委、安全行指委等10个行指委，53个行指委现已覆盖了绝大多数行业，为校企融合做出了积极贡献。正如教育部原副部长鲁昕所言，行指委的成立，是提高职业教育服务国家战略能力的重要抓手，高职院校教师应当深入企业开展实训实践、技能大赛与教学质量评估，了解社会需要，把握行业需求，制定服务于行业、企业的高职教育发展规划以及专业建设标准，不断调整专业结构、创新教材课程体系，在微时代环境中完成"社会人"这一教育理念的创新与转变。

另一方面，高职院校德育的教育主体应当注重社会实践。正如戚万学所言，德育具有实践性，对高职德育的教育主体而言，随着微时代的发展，实践的要求日益提高，这不仅由高职教育规律所决定，也受德育实践性的制约。同时，实践能不断激发教育主体的创新理念。鉴于此，"教师下企业"已经为国家政策所明确，成了教育主体进行社会实践的制度化路径。2002年，《国务院关于大力推进职业教育改革与发展的决定》（国发〔2002〕16号）规定，"要充分依靠企业举办职业教育……行业主管部门要对行业职业教育进行协调和业务指导……有计划地安排教师到企事业单位进行专业实践和考察。"[①] 2005年，《国务院关于大力发展职业教育的决定》（国发〔2005〕35号）强调，"建立职业教育教师到企业实践制度，专业教师每两年必须有两个月到企业或生产服务一线实践。"[②] 2014年，《国务院关于加快发展现代职业教育的决定》（国发〔2014〕19号）指出，"推进

---

① 《国务院关于大力推进职业教育改革与发展的决定》，2002年9月24日。
② 《国务院关于大力发展职业教育的决定》，2005年10月28日。

高水平学校和大中型企业共建'双师型'教师培养培训基地。"[①]　职业教育对教师的职业实践要求在这些制度中得以明确。教育主体只有深入企业实践，才能更好地了解企业、行业对职业道德的具体要求；职业教育发展受制于"纸上谈兵"的现象才能够得到有效缓解。在微时代，教育主体依托微平台可以更便捷地参与社会实践。

　2. 创造性的核心是协同

　微时代教育主体应当依托微平台协同开展德育，这是激发教育主体创造性的核心。

　（1）协同各种德育力量

　诚如美国《连线》杂志的创始主编凯文·凯利所言，在微时代，"我们通过结合把自己变为一种新的、更强大的物种，这种结合就是协同。"史蒂芬·柯维认为："'协同'是改变世界的力量。"[③]　通过协同，我们可以得到"我们的方法"，一种视角更高、更好地解决冲突的方法。

　克鲁泡特金 1902 年在其著作《互助：进化论中的一个因素》中提出了与赫胥黎的"生存竞争论"完全不同的观点：自然界中最成功的动物似乎都是最善于合作的动物。如果进化通过个体间的相互竞争来起作用，那么它同样也能够通过让个体寻求互惠互利来起作用……合作是古老的动物性的传统，人类和其他动物一样天生具备这一品质。可见，先贤早已认识到互助合作的重要性，意识到人们相互协助越深入、越广泛，集体的文明、发达程度就会越高。作为道德文明社会的教育领域的重要组成，德育过程中的协同合作不可或缺。

　黄月细认为，人作为世间最复杂和最高级的生命，其培养是一项长期的事业，需要多方面的教育和实践才能使其具备社会生活所需的各种素

①　《国务院关于加快发展现代职业教育的决定》，2014 年 5 月 2 日。

②　［美］史蒂芬·柯维著，李莉、石继志译：《第 3 选择：解决所有难题的关键思维》，中信出版社，2013 年，第 5 页。

质，成为合格的社会人。② 德育是一项教育任务，德育中的协同思想，可以追溯到 20 世纪 90 年代的合作教育。合作教育学认为，"不应强制学生学习，而是吸引学生学习"，"争取下半天让学生从事自己有兴趣的活动"。其主张的基本教育过程是：兴趣——引导——合作——发展。当然，早期的合作教育主要涉及师生间的合作；而当代的协同则是调动一切德育资源、发动所有教育主体之意，即除了德育教师之外，所有的教职员工都有参与德育工作的必要。对于高职院校的学生而言，学校里所有进行管理、教育、服务的教师或工作人员都是以老师的身份出现的，应该行为示范。即使是学生食堂里打饭的师傅，一言一行也会对学生形成潜移默化的影响，这些德育力量恰恰是容易被忽略的。"忽略"将难以形成合力，会破坏高职院校德育的完整性。因此，协同既是微时代主体性德育模式的必然要求，也是高职院校德育领域的重要研究方向。同理，众多协同课题的出现将激发教育主体的创造性，形成"协同"—"创新"互相促进的良性循环。

高职德育教育主体不仅存在于教育系统内部，即高职院校之内，也存在于教育系统外部，这是由职业教育产教融合的特点所决定的。在微时代，伴随德育环境日益民主、自由、平等的趋势及受教育主体思维方式的转变，教育系统内部，教育系统内、外部之间的协同占据愈来愈重要的位置。同时，微平台与高职学生不断增加的黏性也使得教育主体的协同更为便捷。

（2）协同的方式："属地"主义与"属人"主义的结合

教育主体的协同可以援引法学中的管辖原则具体开展，即将属地主义与属人主义相结合。属地主义与属人主义均是法学概念，属地主义又称领土主义，是指法律适用于本国管辖地区的所有人；属人主义又称国民主义，即法律对具有本国国籍的公民和在本国登记注册的法人适用。两者都是国际法公认的重要管辖原则。学生在校阶段，教育主体的协同应采取以属地主义为主、属人主义为辅的原则；高职学生有不少于半年的顶岗实习，在

① 黄月细著：《民主政治视域下的公民政治素质及其培育——社会主义政治文明的主体诉求》，广东人民出版社，2011 年，第 173 页。

实习单位，为了更好地开展德育，教育主体的协同则应采用属人主义为主、属地主义为辅的原则。

第一，高职学生在校阶段教育主体的协同。传统德育中，高职院校的德育教师通过德育课堂传授教育内容；辅导员、班主任通过关心学生生活、组织学生活动、进行深度辅导解决学生的心理问题、思想问题。在传播渠道主流化的社会环境中，单一的德育方式既是可行的也是足够的。然而在微时代，信息传播的爆炸性、监管的壁垒以及身处其中的主体的自由性都要求德育方式的多元化、德育主体的协同性，这种协同在校内的表现正是全员德育。

《中共中央国务院关于进一步加强和改进大学生思想政治教育的意见》强调，"高校的各门课程都具有育人的功能，所有教师都担负有育人的职责，要把思想政治教育融入学生专业学习的各个环节，在传授专业知识过程中加强思想政治教育。"[①] 依照国家政策，很多高职院校都会进行全员德育的顶层设计，然而问题的关键是：德育实践中对顶层设计的执行与落实是缺失的，这种缺失源于责任主体的不明确。高职院校德育责任的明确能够提升德育的有效性，以法学的视角引进管辖的原则正是明确德育责任的创新尝试。

微时代高职院校各个学科的专业教师均应承担重要的德育职能。教师的德育职能可以通过两种方式体现：一种方式为教师通过日常交往开展德育，另一种方式是教师在专业教学过程中开展德育。后者是教师对专业中蕴含的德育内容的讲述，属于德育的隐性途径范畴；前者则是教师自身通过言谈举止、人格魅力影响学生主体性道德人格的形成，是教师作为"人类灵魂的工程师"更为本源的含义，是教师主体性的体现，也是教师道德在学生道德培养过程中的映射。教师常常在授课或者其他与学生接触的过程中，有意或无意、自觉或不自觉地将自己的世界观、人生观、价值观传

---

① 　《中共中央国务院关于进一步加强和改进大学生思想政治教育的意见》，2004 年 10 月 14 日。

授给学生；用自己的人格、作风、品行来影响学生。如果一个教师很有威信，其思维方式或者行为特质会在学生身上留下永远的痕迹，而且往往不被察觉。

在德育历史上，就美德可教还是不可教的问题存在过非常激烈的讨论。普罗泰戈拉认为：人人皆有德性，美德可教。苏格拉底则首开道德理性主义先河，认为美德不可教，美德即知识，它只能隐藏于各种教学中，这是人类对知识在品德形成中所占据的重要地位的最早认识。理论研究和无数的实践表明，知识是形成品德的基础，理解和掌握知识有助于形成良好的品德。苏格拉底的观点虽仍面临着无法解释的难题：例如，有知者无德或者无知者有德的现象为何存在的问题。然而，知识承载美德、专业教学承担德育的职能却成为永恒的真理。杜威认为，每一门学科、每一种教学方法都蕴含着培养道德的可能性，在专业教学中蕴藏着丰富的道德教育资源，完整的课堂教学应当既包括文化知识的学习，也包括道德认知的形成、道德情感的培养以及道德行为的养成。赫尔巴特认为，不存在任何无教育的教学，"教学如果没有进行道德的教育，只是一种没有目的的手段；道德教育如果没有教学，则是一种失去了手段的目的。"[①] 涂尔干将科学和历史界定为德育赖以进行的两大课程体系。在此基础上，朱小蔓教授对各科教学中可能存在的道德教育资源进行了具体分析，认为在政治学科、语文学科、历史学科、数学学科、生物学科中都包含着多种多样的道德教育价值。张耀灿教授进一步强调，高校各门课程的教师均应深入发掘课程的德育资源，将德育融入学生专业学习的各个环节，使学生能够在学习知识的过程中，自觉加强道德修养，提升道德素质。有学者甚至提出了学科德育的概念，主张在学科教学中渗透德育，从而达到德育与智育的统一。

可见，专业课程中德育内容的传授是被包含在其他教学内容之中的，如会计基础课程的教师要求学生诚实严谨、不做假账，这就是德育中关于诚信教育的内容。与普通高校学生不同，高职学生未能养成良好的学习态度和注意习惯，学习成绩不是高水平的。学习是知识的汲取，在学习上的

---

① 李其龙等译：《赫尔巴特教育论著精选》，浙江教育出版社，2011年，第8页。

欠缺会影响知识的积累，而知识的积累会影响美德的积淀。因此，高职院校专业教师德育职能的发挥具有更大的空间，对于主体性德育模式的构建十分重要。

校内各种德育力量的协同采用属地主义为主、属人主义为辅的方式进行。在高职院校的校园内，作为专职德育工作者的德育教师、辅导员、班主任与专业教师、其他力量的德育范围应当如何划分？笔者以为可以采取属地主义为主、属人主义为辅的方式进行。学生在课堂上，德育教师或专业教师应当承担德育的职能，这种德育主要通过知识的传授来进行；在宿舍，宿管老师应当通过宿舍的管理来开展德育；在学生活动的其他开阔领域，辅导员、班主任应当主要负责德育工作的开展，这是属地主义为主的界定。如果学生在校内出现任何生理或心理问题，学生所属的专业、班级的辅导员、班主任必须介入。这是属人主义为辅的界定。属地主义为主，属人主义为辅的德育管辖方式能够明确德育的职责，促进德育工作开展的有效性。当然，这种协同需要所有部门、所有教职员工均具备全员育人的意识、承担协同育人的职能，避免出现德育工作中的灰色地带。在高职院校进行德育的同时，一定要清醒地认识到学校德育的有限性，学校德育无法替代家庭、社区德育，它们以各自独特的价值共同构成了道德教育环境，因此，高职院校应当协同家庭、社会力量，共同开展德育工作。

第二，高职学生顶岗实习阶段教育主体的协同。顶岗实习，是高职院校学生重要的学习阶段，是校企合作的重要阶段，是深化产教融合的重要阶段。加强、改进顶岗实习阶段的高职德育，提高学生的道德水平，是确保高职教育发展的重要举措。作为最直接的德育体验课堂，顶岗实习是学生道德养成的一个关键时期，重视实践育人环节的德育，是高职院校校内教育主体与企业、行业的共同责任。随着顶岗实习及其他实践性教学环节在人才培养方案中所占的比重不断增加，企业导师应当承担更多的德育职能。

一方面，就受教育主体而言，实习中的学生具有双重身份，即在顶岗实习阶段，高职学生虽然在单位进行全职实习，但第一身份仍是学生。学校对学生顶岗实习阶段的安全、教育负有主要职责，学生应服从学校的教育教学安排。在顶岗实习阶段，高职学生的第二身份是实习生，他（她）们身处实习单位，应遵守单位的各项规章制度。

高职学生的双重身份决定了顶岗实习阶段的高职学生并非纯粹的职业人，而是具有半职业性的特点。这种半职业性是 10 年前被称为"半工半读"制度的延伸和发展。半工半读是指学生的在校学习与生产岗位实习交替

进行的培养模式，即把整个职业学习过程划分为学校学习和企业实践两个阶段交替轮换进行，通过学校、企业两种教育资源和教育环境的使用，将学生的理论学习与实践实习相结合，真正实现校企结合、产学合作，这与台湾地区的"工读生"概念十分相近。用人单位与学校的合作为高职学生的半职业性的发展提供了条件，半职业性也促进了单位与学校的合作，这种校企合作主要体现在三个方面：首先，学校育人理念与企业、行业人才理念的结合；其次，教育教学标准与职业要求的结合；最后，教育教学环境与单位工作环境的结合。

另一方面，就企业而言，市场的本质属性是趋利性，赢利是企业的基本目标。多数企业存在重生产、轻教育的问题，缺乏德育工作的系统规划。同时，校企合作的过程中，市场的趋利性容易对高职学生尚未成熟的世界观、人生观、价值观形成一定冲击，这决定了顶岗实习阶段高职院校采取属人主义为主、属地主义为辅的德育协同原则更为合理。

为了确保不同岗位顶岗实习学生所接受的道德教育的一致性，校内教育主体应以全程化、全时化、制度化的方式开展德育，即使学生不在校内，也不能减轻高职院校教职员工的德育职责。针对顶岗实习阶段空间、时间突破学校范围的德育难题，校内教育主体应当将微平台与传统方式——走访单位、电话访谈相结合，全方位对身处实习实践企业的学生开展德育。校内德育的教育主体应当将道德教育覆盖到每一名顶岗实习的学生，这是属人主义为主的含义。同时，学校的德育与企业的德育从德育内容、德育目标上来看均是不同的，不能相互替代。在高职院校校内德育的教育主体之外，顶岗实习单位的导师也应当承担德育的职责，对实习学生开展道德教育。高职院校应当促进职业教育与产业发展资源的互通，协同创新，推

进教学与生产对接、教育与劳动实践结合，深化产教融合、校企合作，充分发挥顶岗实习单位导师的德育功能，这是属地主义为辅的含义。

4.2.2 教育主体话语体系的转变

德国哲学家马丁·海德格尔认为，唯语言才能够使人成为那样一个作为人而存在的生命体……无论如何，语言是最切近于人之本质的[①]。20世纪哲学的一个重大突破就是发现了语言思想的本体性，这为人类思维方式带来了深刻变革，并由此对很多重大传统问题的解决提供了新的思路。在微时代，传统话语体系已经无法满足德育的需要，教育主体应当思考话语范式的转变。

1. 打破话语体系的固有观念

有学者将微时代的语言界定为"非主流语言"[②]，这本身就是对传统德育话语体系的过分自信。在微时代，哪种语言体系有更多的受众，就应当将之作为主流语言加以尊重。固守传统意义上的话语权威只能将德育与生活互相分隔，这与主体性德育的体验性、生活性是相背离的。

在微时代，德育教育主体的教是适应性的，这种适应本身包含换位思考之意，传统的单向说教话语显然无法满足"换位"的要求。双向互动的微时代话语体系能够帮助教育主体倾听学生的声音，从学生的角度看问题，站在学生的立场思考问题，从而打破教与学两张皮的"魔咒"。同时，这种思维方式能够帮助教育主体了解学生话语需求，提升话语有效性。例如，建立官方微博、微信公众号，用学生的话语工具开展德育。

2. 话语内容由传统书面语言转向微平台话语

在微平台中，新话语的掌握与运用是教育主体在微时代主体性发挥程度的展现。"哲学史充分表明，很多重大理论基础和思维方式的突破常常

---

① ［德］海德格尔著，孙周兴译：《在通向语言的途中》，商务印书馆，2004年，第1页。

② 刘颖洁、孟达：《微视域下大学生社会主义核心价值观的培育路径研究》，《教育教学论坛》2014年第11期。

是术语、概念的突破，思想上的'元概念'的分裂有如物理中的'原子'的分裂一样力量巨大，'意识'是这样，'时间'是这样，'语言'同样也是这样。"① 正如米歇尔·福柯所言："话语是权力，人通过话语赋予自己权力。"高职院校的学生更容易接纳新鲜事物，对手机的依赖程度更高。如果用受教育主体相对抵制的传统书面用语传授道德认识，是很难在教育主体与受教育主体之间建立起互相信任、互相理解的关系的。皮之不存，毛将焉附？此种情况下德育便无从谈及。同理，如果教育主体对微平台话语不熟悉甚至听不懂，也无法与学生在同一维度内进行沟通。例如，"路转粉"在微博是常用的话语，表明由于某些原因或者某个事件使一个人对待另外一个人的态度从无感的路人变成了狂热的支持者的过程。如果高职院校德育的教育主体不活跃于微博、微信等微平台之上，就不可能熟悉这种专属语言。这种不理解与不熟悉会造成教育主体与受教育主体之间的话语障碍，障碍产生隔阂。教育主体只有将微时代的思维方式与话语体系作为德育的基础与前提，才有可能跨越这种障碍，这要求教育主体吸纳微时代的话语资源，并将之运用于道德知识传授的过程之中。

3. 话语方式由面对面拓展至屏对屏

高职学生的自卑情结导致其产生了强烈的不信任感：一方面，不信任自己能够适应环境；另一方面，不信任他人能够正视自己。这种不信任感往往表现为学生在人际交往中的自我封闭与对于面对面交流的排斥，这是由于过于直接的接触会引起学生的不安。

同时，教师的身份触发了学生对于权威的逆反。通过高职学生的学习经历可以判断，他们要么由于成绩的原因一直以来不被学校、老师、家长这些身份上的权威所认可；要么由于高考失利被权威所否定。无论哪种情形，高职学生往往都对"权威"这一标签存在类似于条件反射的排斥和逆反，因此，与教育主体的正面沟通会让学生觉得不适。教师的身份在高职院校的德育工作中，非但无法为教育主体加分，反而会成为主体之间沟通的屏障。

---

① 高玉：《论语言的工具性和思想的本体性及其关系》，《社会科学辑刊》2007年第4期。

身份的限制与学生的不信任相互交叠，形成了教育主体开展德育的瓶颈：面对面的交流变得困难。在传统德育模式中，教育主体往往采取面对面的教育方式，这时声音、表情、体态是话语的载体。微时代，受教育主体更愿意也更习惯在移动终端依托微平台进行话语交流，这种以文字为载体的话语方式对于高职学生而言，显然较为自由和随意，如微信上的沟通、微博上的互动。微时代提供了微平台，这种屏对屏的话语方式化解了面对面的尴尬，让学生能够掩藏自己的表情神态、肢体语言，获得一定的安全感，也使得主体之间的对话能够更加真实。

屏对屏的话语方式对于建立主体之间的信任关系，无疑是有着破冰作用的。然而，它却无法破解所有的沟通问题，因为文字难以承载心理变化所产生的巨大信息量。正如美国传播学家艾伯特·梅拉比安得出的梅拉比安沟通模型：100% 的沟通 =7% 的内容＋ 38% 的语气语调＋ 55% 的表情、肢体语言。在教育主体与受教育主体建立关系的前期，屏对屏的方式符合高职学生的心理特征，更为有效；而到了深度辅导阶段，教育主体要引导学生建构主体性道德人格，面对面的对话不可简省。高职院校的教育主体应当依据每名受教育主体的不同特点推广线上、线下两个平台，交叉使用两种话语方式，使二者相得益彰，共同提升德育工作的有效性。

高职院校教育主体德育话语范式的转变，不仅是人艰不拆、普大喜奔等网络热词的应用，更是从观念到话语到教育方式的整体性转变，是对学生的尊重、社会的尊重，更是对时代的尊重。

4.3 微时代高职德育主体的主体间性

"主体间性"的概念在多个领域均有涉及，包括社会学的主体间性、本体论的主体间性、认识论的主体间性等。社会学意义上的主体间性是指作为社会主体的人与人之间的关系，涉及人际关系及价值观念的统一性；本体论意义上的主体间性是指人与世界的同一性，它并非主客体对立的关系，而是涉及主体与主体之间的交往关系、理解关系、直接关系以及自由何以可能、认识何以可能的问题；认识论意义上的主体间性是指认识主体之间的关系，涉及知识的客观普遍性。

教育领域的主体间性综合了各个学科、各个层面的主体间性内容，将其定义为"各主体之间通过平等自由的交往、对话所形成的理解性、共识性与和谐共处性"①。主体间性是主体性的重要表现，是主体性德育模式的重要概念，是对传统德育模式中教育主体与受教育主体之间二元对立僵化模式的反思与改变：首先，就德育主体的地位而言，德育过程中的师生交往，是依据德育目标组织起来在教育主体引导下进行的教育性交往活动。主体性德育模式是在这种交往过程中促进教育主体与受教育主体自我实现的一种形式，是两个以上平等主体的交流活动，是师生之间平等地沟通和理解，这是建基于对话、包容、共享之上的相互尊重、相互信任、相互悦纳的主体间关系。其次，就德育主体之间的交往而言，主体性德育中的交往关系，并非简单的知识传递关系或是受教育者由客体化向主体化的转变，而是交往双方的精神沟通。德国著名宗教哲学家马丁·布伯认为，教育的目的是告知人们如何让精神充盈人生，如何让精神与你相遇，而并非告知后人存在什么或必将存在什么。② 只有作为完整主体的交往才能对受教育主体的精神成长产生实质的促进作用。

在微时代，生活在现实中的作为主体而非客体的人被称为"微"民，单个人是"微"的最小单位，这种"微"视野中"主体—主体"的关系合成了微时代的人际关系，为主体间性教育理念的重构提供了技术基因，彻底激活了人的能动性、自主性和创造性，个人终于回归到自己天赋的主体性。③ 结合微时代特征，依据教育领域中的主体间性定义，高职德育主体间性可以概括为：微时代高职院校德育的教育主体与受教育主体之间摒弃话语霸权和个人中心的观念，通过互动的交往，形成平等的关系，相互理解、

① 胡恒钊：《高校网络思想政治教育实施方法体系的构建》，《西南交通大学学报（社会科学版）》2014年第2期。

② ［德］马丁·布伯著，陈维纲译：《我与你》，三联书店，1986年，第60页。

③ 徐世甫：《微时代下高校德育主体间性理念重构研究》，《江苏高教》第2014年第4期。

相互尊重、相互影响，实现德育主体的道德的共同建构、主体性的共同发展的辩证统一过程。

4.3.1 主体间性实现的前提：确认学生的主体地位

在客体性德育中，作为客体的学生是主体的认识对象，处于被认识与被改造的地位，这种受体特性决定了受教育者不可能成为教育的中心与根本。按照建构主义理论的观点，道德在本质上是内发生成或者自我建构的过程。建基于此的主体性德育模式将受教育者视为主体，确认并尊重学生的主体地位，这是主体间性实现的前提。确认学生的主体地位，需要从以下三个方面进行考量：

1. 教育主体应当转变观念，树立以学生为本的德育理念

德国哲学家狄尔泰认为，"自然需要解释，而人需要理解。"当前，高职院校德育的教育主体之间存在缺少理解、缺乏平等对话和情感沟通、忽视教育过程中由知到行的转化环节的问题，这是源于教育主体没有真正以学生为本，忽视了学生的身心发展水平、认知发展规律和内在需要，使充满好奇的青年学生的情绪受到压抑，引起了学生的逆反心理。

人是教育的中心，在教育交往与活动中发展，教育在人的交往与活动中展开。因此，教育必须以人的发展为根本。这种以人为本的观念与主体性理论、人才培养目标相结合，形成了以学生为本的教育理念：高职院校将学生视作生存之本、发展之基，相信学生的能力，尊重学生的差异，确保教育教学能够服务于学生的成长成才。只有以学生为本，才能调动一切力量与资源充分发挥学生的主体性，为受教育主体的发展创造条件。同时，只有注重发挥学生的主体性，才能真正做到以学生为本。二者共同构成了相得益彰的良性循环。

2. 教育主体应当将高职学生视为理性人，在情感上对其给予信任与认同

"理性人"这一概念引自经济学，"微观经济学基于对所要研究的问题和构建的理论的需要，创设了所有经济理论均需具备的一个基本的假设

条件——合乎理性人的假设……在集体活动中，其目的只有一个，即追求个人利益的最大化。"[①] 经济学意义上有关理性人的表述固然具有一定的局限性，但其对于人的理性的尊重与信任，具有相当的参考意义与借鉴价值。随后，政治学、法学等学科均采用"理性人"作为理论阐述的前提或标准之一。教育学中也有关于理性人的概念界分，认为理性是人类思维的根本特征，应当相信学生的理性能力，尊重学生的理性需要。对于主体性德育模式而言，这种"相信"尤为重要。

第一，相信高职学生的理性能力。从唯分数论的视角观之，高职学生在学习方面的表现——包括学习态度的不积极、学习效果的不如人意——很难将其与理性人联系在一起，然而这种理解有失偏颇。一方面，通常视作成绩的分数，只是考试成绩的标识，并不能够代表真实的认知能力；另一方面，认知结构是各类认知因素以一定的内在结构组合而成的系统整体，高职学生知识基础薄弱的特征会影响认知结构的形成，但这种影响绝非直接破坏认知结构的建构或者转化，而主要是在于促进受教育主体形成区别于他人的认知结构。因此，即使高职学生思想上并不成熟，未形成完整的世界观、人生观、价值观；行为上容易冲动，需要提升自我控制、自我管理的能力，也并不表明高职学生不具有理性的认知能力与认知结构。正如陶行知先生坚信人具有理性、对学生抱有基本的信任一样，高职院校应当充分信任学生，相信其具有理性能力；同时，通过教育开发学生的理性潜能，培养学生的自主判断能力、理性选择能力、自我控制能力等，重视学生的个性和独立性的发展，建立教育主体与受教育主体之间互相信赖的主体间关系。

第二，认同高职学生的主体需要。人们总是通过实践活动创造维持人自身的必要条件，以满足自己的需要。在社会实践中，已经得到满足的第一个需要本身，在满足需要时所进行的活动以及为满足需要而使用的工具

---

① 刘焱欣、陈婷：《从"理性人"到"理性生态人"——论教育观的后现代性转向及重构》，《华东师范大学学报（教育科学版）》2013年第9期。

又会引起新的需要。需要是人与人之间联系的中介；人的需要，反映的是人在物质和精神领域里的缺乏，它能够被解读为主体为克服缺乏的状况而采取积极行动的内在动因。在马克思看来，人的需要即人的本性，人的本性即人的主体。换言之，人的主体性的实现正是人作为主体的需要的满足。因此，高职学生主体性需要的满足程度正是主体性实现的程度。

微时代不断创造需求，又不断通过信息分享、科技发展来满足需求，这种崇尚需求的理念与高职学生的主体需要十分契合：高职学生对时代特点非常敏感，他们总是新产品的最先使用者、新科技的领先试用者。因此，学生终身发展的特点与时代发展的特性具有相当的一致性。微时代对主体的关注，为高职学生主体性需要的满足、主体性的实现提供了前所未有的机遇。

为了具体说明这种"机遇"对于受教育主体的意义，本书以高职学生存在的较为迫切的"求关注"与"求展示"的心理需要为例：

微时代可以满足个体"求关注"的心理。从内容与主体性来说，微时代使高职学生个体获得了更多关注；就形式与工具性而言，通过微平台的传播与社交功能，学生能够获得更多关注，照片会被点赞、心情描述会被评论，这满足了学生求关注的心理。

微时代能够增加个体"求展示"的机会。微时代，高职学生个性的彰显已经不再受到过度质疑。相反，个人性格特征、才华能力的展示受到鼓励。就高职学生入学前普遍存在的"自卑情结"而言，教育主体的鼓励尤为重要。通过微时代为学生提供的更加多元化与便捷性的展示途径，让这种鼓励更易实现。以微视频为例，学生的想法、创意可以通过一台摄像机甚至智能手机被拍摄并作为微视频上传，好的创意视频会赢得更多的点击率。在微时代，点击率正是受关注的量化标准，随之而来的天使投资、广告投放等线下效益能够进一步促进与支持学生在微平台上的发展。

诚然，"求关注"与"求展示"只是高职学生的心理需求中涉及个体独立性的内容之一，但以管窥豹，微时代为教育主体认同受教育主体的主体需要、激发主体性提供了更多的途径、平台与可能。

3. 教育主体应当将高职学生视为独立个体,在态度上尊重其主体差异

人是主体,主体的本质规定性在于主体是独立的、自由的。高职学生入校时学习成绩并非优秀,这造成他们缺少话语权,无论是专业的选择,或是兴趣的取向,其想法常常为家人、老师所忽略,未能被视为独立个体予以平等对待。一些家长甚至认为,"他们什么都不懂,我们说了算。"这种"家长代表制"不但淹没了学生的主体需求,也与成年人渴望独立的心理行为特征相悖。我国《宪法》第三十四条规定,"中华人民共和国年满十八周岁的公民,不分民族、种族、性别、职业、家庭出身、宗教信仰、教育程度、财产状况、居住期限,都有选举权和被选举权……"①《民法典》第十八条规定,"成年人为是完全民事行为能力人,可以独立实施民事法律行为。"宪法、民法分别从政治权利、行为能力的角度对成年人的独立性做出了质的规定。高职学生成年之后对个人合法权利的渴望与家长对个人想法的压制形成巨大反差,这往往是导致学生与家庭关系紧张的重要原因。教育的最高目的是人,教育必须相信人、关爱人、尊重人。高职院校应当将学生视为独立个体,开展"还权行动",赋予或者加强学生的知情权、话语权,尊重他们的个性特点与主体差异。

一方面,高职学生的个性需要被包容。英国哲学家约翰·斯图尔特·密尔认为,"只要允许个性的存在,即使是专制主义也不会产生最恶劣的后果。反之,任何毁灭个性的东西都是专制主义,不论它以什么名义出现。"②可见,个性本身蕴含着民众自我意识觉醒的丰富内涵,这与微时代民主、自由的时代特征相契合。关于个性,一种观点强调是个别性,是人无我有之性;另一种观点则强调在人的全面发展的基础上发展人的个性。前者仅仅关注差异性,割裂了个性与主体性之间的关系;后者是建立于马克思主义个人全面发展学说之上的个性观,是正确认识问题的态度。微时代的高

---

① 《中华人民共和国宪法》第三十四条:"中华人民共和国年满十八周岁的公民,不分民族、种族、性别、职业、家庭出身、宗教信仰、教育程度、财产状况、居住期限,都有选举权和被选举权;但是依照法律被剥夺政治权利的人除外。"

② 约翰·斯图尔特·密尔著,程崇华译:《论自由》,商务印书馆,1996 年,第 80 页。

职学生张扬个性，确认学生的主体地位就要尊重每名学生的个性与主体性，量体裁衣，让学生都能得到自由而充分的发展。正如美国哈佛大学前任校长德里克·博克在哈佛大学 350 周年校庆时所讲到的：哈佛最引以为自豪的并非培养了 6 位总统及 36 位诺贝尔奖获得者，而是能够给予每名学生充分选择的机会与自我发展的空间。

另一方面，高职学生的差异应当被尊重。尊重受教育主体，就是要正视受教育主体的差异，尊重其独立人格和自我意识。受遗传因素和教育环境的影响，受教育主体之间存在客观差异，身心发展阶段与特点各不相同。德育既要进行学生社会性品质的培养，又要尊重其差异与自由。因为无论高职学生知识基础与个性差异的程度如何，其被肯定、被鼓励的主体需要是一样强烈的。尊重高职学生的差异应当关注两个方面的内容：

首先，一人一面，千人千面，德育应当具体问题具体分析，不能"一刀切"，忽视学生的身心发展规律，而是应当把握学生成长的脉搏，让不同层次、不同水平的学生都能享受到适合于自身主体性发展的教育。其次，微时代的发展日新月异，教育主体不能也无法单纯依赖"经验主义"，而是应当透过现象看本质，用联系的、发展的、全面的眼光开展德育，尊重学生的差异性，将高职学生的个性形成置于家庭背景、社会环境中进行观察，通过学生的言行、表现分析其个性特征，真正帮助学生认识自我、发现自我、完善自我，不断提升其道德能力，促进其全面发展。

美国著名教育家爱默生认为："教育成功的秘密在于尊重学生。"高职院校应当确认学生的主体地位，尊重学生在道德形成中的主体作用，促进教育主体与受教育主体之间的良性互动，为主体间性的实现做好充分准备。

4.3.2　主体间性实现的可能：教育反哺

微时代信息传播的普遍性、广泛性、去中心化的特征为教育反哺提供了可能。

1. 教学相长促进师生平权

孔子所揭示的"教学相长"原理表明：即使是尊卑等级观念严重的封

建社会，也不乏师生关系平等的思想。在微时代，高职学生具有朴素的道德认识、行为方式，虽然其常常通过特立独行的外表和对流行时尚的追逐表现出来，但其深层次的思维方式、思想意识已经产生了与其他群体相区别的新特征。同时，教育主体与受教育主体在知识的拥有上各有所长。师生的平等更具基础和可能：教师在专业知识、人生阅历方面具有明显优势，而学生通过微平台在时尚信息、流行观念、即时资讯等方面更具有话语权，二者的相互交汇融合能够形成对事物的更加客观准确的认知。

2. 后喻文化促进教育关系反转

美国人类学形成过程之中最为重要的人类学家玛格丽特·米德在《文化与承诺》一书中提出了著名的三喻文化说，即人类社会能够被划分为前喻文化时代、同喻文化时代、后喻文化时代。前喻文化是指年轻者向年长者学习、接受年长者传授的知识经验的文化；同喻文化是同代人相互学习的文化；后喻文化则是年轻者向年长者传授知识经验、年长者向年轻者学习的文化。

前喻文化在教育历史中长期占据着统治性地位，斯宾格勒用"历史的假晶现象"准确描述了这种情形：一种较古老的文化在某个地方是这样强而有力，以至于本土的年轻文化被压迫得无法喘气，不但难以形成纯粹的、独特的表现形式，而且也无法充分展示与发展自我意识。随着微时代的到来，这种统治地位受到撼动，前喻文化日益遭受严峻的挑战，处于艰难维护自身正统地位的尴尬境地；而曾经被压制的后喻文化则占据了愈来愈重要的地位。

在德育过程中，学生主体性的确立类似于前喻文化与后喻文化的博弈过程。传统的教师形象是一种权威者，这种权威促使学生形成"服从"的意识。作为知识的被动接受者，学生的依赖性与日俱增，主体性逐渐丧失。教育反哺则是后喻文化在教育领域的映射，是指受教育主体形成一定的社会知识、价值观念，向教育主体传授并施加影响，实现"教""受"关系的反转。

可见，微时代的高职德育已经无法停留于传统教育理念中上行下效的单向传递模式，教育反哺倒逼师生关系的重构；教学相长加速主体之间的对话性，这有利于实现真正和谐平等的主体间性。

4.3.3 主体间性的本质体现：平等中的首席

"在一个价值多样化的时代强调权威，要比在以往任何时代都困难得多。"[1] 这种不以身份而以能力界定意见领袖的做法符合微时代去中心化的特征，决定了微时代无权威。高职院校德育的教育主体在与受教育主体的对话中所能够占据的唯一优势正是美国学者多尔所提出的"平等中的首席"。

1. "平等中的首席"关键词是平等

主体间性以教育主体与受教育主体之间民主、平等的交往关系为保证，这种平等既包括人格上的平等，也包括观念上的互识与共识。

第一，主体间地位的平等。泰戈尔强调，"教师与学生的关系，是心灵与心灵约会的关系。"这与威万学提到的"在现代道德教育中，民主、平等、共生的师生关系是理想的德育师生关系"如出一辙。无论是社会环境，还是个体需求，都强调教师和学生的主体性，强调二者地位的平等、权利的尊重与被尊重等。微时代，高职德育的教育主体与受教育主体在地位上无主次之分，无高低之别。它是对"主体—客体"二元僵化对立关系的扬弃与超越，形成的是"主体—主体"的新范式。

第二，主体间交往的互动。主体间性"主体—主体"的模式设计本身彰显了平等特性。平等不是单向的，它体现在互动的过程中。传统的德育课堂上，师生之间对话交流采取教师提问（initiation）—学生回答（response）—教师评价（evaluation）的模式，简称 IRE 模式。教师拥有完全的话语权，只需要按照课程标准评价与教导学生即可，无须倾听学生的声音，这削减了学生主体性的发挥。孔子曰："知之者不如好之者，好之

者不如乐之者。"① 德育的教育主体要改变将学生作为容器、存储器的传统观念，用参与式学习、提问时学习的方式激发学生的学习兴趣。从斯金纳的"程序教学法"、布鲁纳的"发现法"到陶行知的"教学做合一原则"，众多的教育教学理论都强调了学生参与的思想和意识。教育活动本质上是生命影响生命、心灵感动心灵的精神活动过程，教育主体要对受教育主体进行理解式地的启发教育。因此，在微时代，"我讲你听"的单纯灌输模式遭到了颠覆，话语模式日益趋向扁平化，表现出很强的互动性、平等性、参与性，充分尊重并激发学生的主体性，形成了时代特性与主体性唤醒的内在契合。

2. 平等中的首席应当关注"首席"的含义

在微时代高职院校德育中，教师与学生虽然地位平等，但教师仍然处于平等中的"首席"，即引导者的地位。毋庸置疑，在传统德育模式建构中，教师与学生在知识、能力、道德水平、社会经验等方面存在差异，这决定了教学环境中教师是"领导者"；在微时代，随着信息获取途径的多元化，学生对于资讯的获得极为便捷，在某领域或某方面的知识积累甚至比教育主体更具优势。然而，教师的系统理论、专业知识、经验阅历仍然是高职学生无法通过浅阅读、随机阅读而获得的。因此，主体性德育模式的建构固然离不开师生关系的重构，但无法忽视教育主体从"领导"向"引导"的作用转向。

可见，教育主体与受教育主体的主体间性既不能因为强调教师的地位而放弃平等的交流、互动的沟通，也不能因为强调平等而否定教师的引导者地位，二者相辅相成才能构成"平等中的首席"的完整含义。

---

① 杨伯峻、杨逢彬注译：《论语》，岳麓书社，2000年，第53页。

第 5 章

微时代高职院校主体性
德育模式的德育内容

杜威认为，道德同存在的事实密切相关，作为道德基础的事实，既来源于人们相互间的合作，也来源于生活中人们相互关联的行为。任何时代都有其专属的时代环境，这决定了专属的德育目标，而德育目标需要通过设计符合时代要求的德育内容来实现。

第一，就本质而言，时代环境决定德育内容，这可以在我国德育内容建构原则的三个发展阶段中得到验证：1949—1965 年是我国德育内容建构的第一阶段，德育内容的设计强调传统道德与社会主义新道德的融合；1966—1979 年是德育内容建构的第二阶段，依据政治背景强调德育内容应当以政治教育为主；1979 年至今是德育内容建构的第三阶段，强调德育内容的研究应当能够应对外来思想、文化的冲击，微时代关于德育内容的研究是第三阶段的重要时期。

第二，时代环境的改变催化德育内容的创新。时代环境能够创造新的社会意识、公共思维，能够加速德育的形成与变革。微时代作为德育最为重要的"实际"，是关注个体需求，强调平等自由，倡导创新创造，催化德育内容在实现"服务于学生主体性道德人格的培养"这一最终德育目标的过程中不断调整与创新。

学界对德育内容有多种界定，黄向阳博士在《德育原理》一书中将学校德育分为公德教育、私德教育、职业道德教育三种；而目前的"两要素"

说、"三要素"说、"五要素"① 说则更为主流。其中，三要素说较能达成共识，即德育内容由"政治教育、思想教育、道德教育三部分构成"② 。随着时代的发展，有学者将德育内容扩展为"政治教育、思想教育、道德教育、法纪教育、心理健康教育、职业生涯教育"③ 六种。

微时代高职院校主体性德育模式中德育内容的设计，是以"三要素"说为基础，为应对时代环境的变化以及微时代给高职学生能动性、自主性、创造性带来的挑战而进行的编排，包括以信仰教育为核心的价值观教育、以培养积极心理为核心的情感教育、以培养法治思维为核心的自由观教育及以培养创造力为核心的职业道德教育。价值观教育含有重要的马克思主义信仰教育的内容，属于政治教育；自由观教育强调高职学生权利与责任的统一性，属于思想教育；职业道德教育侧重于引导高职学生个体道德的养成，属于狭义的道德教育；情感教育则依据高职学生特点为德育注入了更多的人文关怀，作为主体性道德人格构成的核心内容，不同层次的情感教育具有政治教育、思想教育、道德教育的不同属性。

5.1 以信仰教育为核心的价值观教育

5.1.1 价值观教育的重要性

品格教育突出品格的个体特性和道德内涵，强调道德认知、道德情感、道德行为的统一，重视受教育者价值信念的培养，其核心是价值观的形成。美国社会心理学家施瓦茨认为，价值观是令人向往的某些状态、对象、目标或行为，它超越具体情景而存在，可以作为判断和选择行为方式的标准。换言之，价值观具有"深层建构"和"信仰体系"这两个最为突出的特性。④

---

① 詹万生著：《整体构建德育体系总论》，教育科学出版社，2001 年，第 310-312 页。
② 孙宝云：《我国高校德育模式分析》，《高教探索》2005 年第 6 期。
③ 祁伟、王洋：《中国特色大学德育模式的建构》，《教育与职业》2014 年第 11 期。
④ 唐文清、张进辅：《中外价值观研究述评》，《心理科学》2008 年第 3 期。

英国《道德教育》杂志的主编莫尼卡·泰勒强调："价值观是对行为提供普遍指导……或是对信念、行动进行评价的参照点，是使人据此而采取行动的一些原则、基本信念、理想、标准或生活态度。"① 无论是施瓦茨所谓的"标准"或是泰勒认为的"参照"，价值观作为道德认知的核心内容，引导着民众的道德行为，这对社会良好秩序的形成至关重要。就个体而言，价值观教育是引导学生认识与判断如何行为才是正当的、好的或高尚的教育活动，是判断人们行为的正当性的教育，是培养人的良好品格的教育，它与个人的同一性和整体性关系最为密切。可见，价值观教育是形成个体良好品格的基础，是增强受教育主体的能动性、自主性、创造性，培养高职学生道德认知的重要内容。

5.1.2　价值观教育的内容

1. 社会主义核心价值观是价值观教育的核心

习近平总书记强调，要树立正确人才观，培育和践行社会主义核心价值观，着力提高人才培养质量，弘扬劳动光荣、技能宝贵、创造伟大的时代风尚，营造人人皆可成才、人人尽展其才的良好环境。② 社会主义核心价值观是我国当代价值观的核心，是社会意识的有效整合，是凝聚共识的文化积淀。作为微时代出现频率极高的词汇，社会主义核心价值观自其诞生之日起就备受关注、备受推崇。然而正如《活出生命的意义》一书的作者维克多·弗兰克尔所言，如果数以千万的读者去购买一本标明能解决有关生活意义问题的书，那说明这个问题一定是当下最急需解决的。同理，社会主义核心价值观的社会地位与重要意义表明了价值观的问题恰恰是最急迫的社会问题。在微时代，民众对于精神信仰、社会秩序、伦理规范更为关注，因此，弘扬社会主义核心价值观具有重大的时代意义。

就功能意义而言，社会主义核心价值观是政治性、社会性的；就关系

---

① 　[英] 莫尼卡·泰勒：《价值观教育与教育中的价值观（上）》，《教育研究》2003 年第 5 期。
② 　《习近平就加快发展职业教育做出重要指示》，《人民日报》，2014 年 6 月 24 日。

层面与价值导向而言，社会主义核心价值观是整体性、理想性的；就主体需要而言，社会主义核心价值观是个体性、正当性的；就研究取向而言，社会主义核心价值观是文化性、成果性的。社会主义核心价值观教育肩负着传承人类基本价值，弘扬社会主流价值，提升个人主体价值，整合优秀的传统文化，关注职业价值观养成的重要使命。

社会主义核心价值观是以核心价值体系为依托，以形成社会和民族公认的主流价值观为目的的教育活动。党的十八大报告提出，倡导富强、民主、文明、和谐，倡导自由、平等、公正、法治，倡导爱国、敬业、诚信、友善，[①] 这是对社会主义核心价值观的高度概括。社会主义核心价值观具有丰富广泛的内涵，是高职院校道德教育的重要内容。同时，高职德育又是微时代社会主义核心价值观培育与践行的重要环节，两者之间形成了密切的联系，相辅相成、相得益彰。正如《国家中长期教育改革和发展规划纲要（2010—2020年）》中提出的："要坚持德育为先，立德树人，把社会主义核心价值体系融入国民教育全过程。"[②] 中宣部部长刘奇葆也强调：培育和践行社会主义核心价值观，不是孤立的工作，而是一项系统性、综合性的工程，不能就事论事，应该放在大的时代背景中，营造氛围、用好载体，让社会主义核心价值观如空气一样无时不在、无处不有。

"微时代"的时代精神是自由、平等、民主，社会主义核心价值观中包括自由、平等、民主的内涵，主体性德育以自由、平等、民主的教育关系为保证，三方的契合为微时代高职院校开展社会主义核心价值观教育奠定了时代条件与社会基础。

2. 信仰是社会主义核心价值观教育的灵魂

习近平总书记在十八届中共中央政治局第一次集体学习时强调："理想信念就是共产党人精神上的'钙'，没有理想信念，理想信念不坚定，

① 胡锦涛：《坚定不移沿着中国特色社会主义道路前进 为全面建成小康社会而奋斗——在中国共产党第十八次全国代表大会上的报告》，《人民日报》2012年11月18日。
② 《国家中长期教育改革和发展规划纲要（2010-2020年）》，2010年7月8日。

精神上就会'缺钙'，就会得'软骨病'。"① 青年是否具有坚定的理想信念，事关党的事业后继有人，事关中华民族的伟大复兴。因此，精神补"钙"，重在青年。对于高职学生而言，将社会主义核心价值观内化需要树立正确的理想信念，理想信念的核心是信仰；而信仰是指人们对奉为自己价值准则的某种对象的坚定信赖和执着追求，是价值观的灵魂。社会主义核心价值观中个人层面的"爱国、敬业、诚信、友善"，是公民道德的价值准则，是公民个体的信仰。因此，就本质而言，高职学生信仰养成过程正是价值观养成过程，正是社会主义核心价值观的培育与践行过程，正是社会主义核心价值观在高职院校落细落小落实的具体体现过程。

（1）微时代高职学生应当树立马克思主义信仰

正确的信仰是科学的信仰，而马克思主义之所以能在各个领域都处于时代高峰，就在于它的科学性。它的世界观和方法论是科学的，它的理论体系是开放的、与时俱进的，它将全人类解放和人的全面发展作为最高价值追求，是符合劳动人民的利益和愿望的。马克思认为："理论一经掌握群众，也会变成物质力量。理论只要说服人，就能掌握群众；而理论只要彻底，就能说服人。所谓彻底，就是抓住事物的根本。"② 马克思主义揭示了人类社会历史发展的客观规律，是无产阶级及其政党的科学的世界观，具有强大的生命力。

自马克思主义传入中国以来，就指导着中国的革命、建设和改革实践取得成功，用历史事实创造着强大的吸引力。信仰马克思主义是科学的，是个人人生信仰与社会共同信仰的统一。习近平总书记强调，"宣传思想工作的根本任务就是要巩固马克思主义在意识形态领域的指导地位，巩固全党全国人民团结奋斗的共同思想基础。"③ 中国有信仰马克思主义的传统，

① 习近平：《紧紧围绕坚持和发展中国特色社会主义 学习宣传贯彻党的十八大精神（2012 年 11 月 17 日）》，《习近平谈治国理政》；外文出版社，2014 年，第 15 页。

② 《马克思恩格斯选集》第 1 卷，人民出版社，2012 年，第 9-10 页。

③ 习近平：《把宣传思想工作做得更好（2013 年 8 月 19 日）》，《习近平谈治国理政》，外文出版社，2014 年，第 153 页。

当代的高职学生尤其应当树立马克思主义信仰。

然而就高职院校的实际情况来看，对马克思主义信仰的树立还有很大的提升与发展空间，这主要基于两点原因：一方面，高职学生学习基础薄弱，尤其是理论学习的基础薄弱，对马克思主义的理解不深刻，难以形成正确的认知、准确的判断以及系统的政治观点。另一方面，高职学生对权威灌输的逆反心理严重，容易陷入负面信息与极端情绪的茧房，对事物缺乏客观公正的判断，主观性和随意性较大。一些高职学生对人生的看法，对信仰的追求，仅仅出自于朴素的感情，处于感性认识阶段，还未能上升到理性认识的高度，容易产生思想上的波动，人云亦云，随波逐流，难以形成牢固信仰。

（2）微时代高职院校应当加强马克思主义信仰教育

微时代爆发的多元思潮需要高职院校旗帜鲜明地加强马克思主义信仰教育，这是引导受教育主体提升认识、明确人生目标的重要内容，是符合学生个人需要、符合社会发展需要的重要内容。加强马克思主义信仰教育需要关注以下四点：

第一，加强理论知识的学习。2007 年团中央、全国学联颁布的《"青年马克思主义者培养工程"实施纲要》（中青发〔2007〕27 号）中强调，要在广大青年中着力培养和造就一大批用马克思主义中国化最新成果武装的马克思主义者[①]。这需要激发青年的主体性，从理想信念与成长体验的双重维度培养和锻炼青年。

高职学生学习基础薄弱、学习兴趣不强，通过理论知识的灌输加强马克思主义信仰教育的效果并不理想。然而政治理论知识的把握，又是树立马克思主义信仰的基础，这种背反决定了高职学生需要通过激发自我学习意识提升理论知识的学习效率。原中国社会科学院院长陈奎元认为：现在突出的问题是不下功夫读马克思主义的书，不懂马克思主义，何谈信仰马克思主义。对高职院校德育的教育主体而言，一方面，应当立足实际、突

---

① 《"青年马克思主义者培养工程"实施纲要》，2007 年 10 月 16 日。

破局限，加强理论学习的氛围营造。发挥信仰的传递性，以信仰感染信仰。另一方面，应当创新形式，在微时代通过各种微平台激发高职学生读经典、学经典的热情，如微信公众账号的推送、理论知识类软件的设计与使用等都能够成为引导高职学生兴趣方向、寓教于乐的重要途径。

第二，加强历史事实的学习。道德规范唯有被主体悦纳，才有可能上升并转化为主体信仰；只有主体信仰某种道德规范，才能够推动其转化为道德行为。因此，信仰的形成绝非一蹴而就，而是逐步升华的过程。同时，高职学生"具象化"的思维特征与"自卑情结"的心理特征也需要教育主体通过更加潜移默化的引导与具体形象的教育促进其马克思主义信仰的形成。依据这一要求，高职院校的信仰教育应当主要依靠"以史服人""以事实服人"的方式开展。

没有哪一种资产阶级理论能够像马克思主义这样历经一百五六十年仍然保持着旺盛的生命力。作为工人阶级和其他先进分子认识世界、改造世界的科学真理，剩余价值理论、唯物史观以及马克思主义其他基本原理非但没有过时，还被与时俱进地赋予了新的生命力。毛泽东思想、邓小平理论、中国特色社会主义理论体系都是马克思主义在中国的新发展，没有马克思主义，就没有中国的崛起，西方世界对中国的瞩目恰恰证明了马克思主义信仰的科学性。因此，德育教育主体应当强调对于历史事实、历史事件的阐述，让学生通过史实进行信仰的判断与选择。

例如，1983 年，美国前总统尼克松访问东欧之后提出：东欧国家的共产党人已经完全丧失了信仰，他们不再是思想家，而是实干家，这种实用主义能够为和平演变打开缺口。因此，对东欧国家"和平演变"的时机已经成熟。尼克松的这一论断已经为东欧剧变的事实所证实，尽管导致东欧剧变的原因是综合的、复杂的，但其中最为主要的因素是被和平演变国家的共产党人放弃了自身的马克思主义信仰，这是毋庸置疑的。了解了这样的事实，高职学生方才具备了自主进行理性判断与选择的基础。

第三，加强典型事例的学习。在微时代价值多元、思潮多样的背景下，各种信仰都力图成为人们心灵与精神的主宰。但信仰并发强制形成的，它是民众自由选择的结果,信仰的内容只有打动个体,唤起其强烈的需求与欲望,才能够被主体接纳为信仰并作为终身追求。与科学知识相比,信仰带有浓厚的情感体验色彩。个体一旦将某种观念内化为自身信仰,便无法再进行关于信仰是非对错的理性判断,这源于情感的巨大感召力。因此,信仰教育需要共情,需要以情育情。

马克思主义信仰是有情感的信仰,它是真正摆脱了剥削、饥馑、奴役和战争的自由,是社会和个体的真正幸福,是最崇高、最人道的理想。自新民主主义革命开始,无数仁人志士为真理不懈追求、为信仰放弃生命。诚如公方彬教授所言:人生的终极目的定位于完善自己同时满足社会,定位于社会价值的创造和大众幸福的促进,并且这个过程又是按照人类统一的价值标准和规则进行的,那他就是一个高尚的人、可敬的人。

因此,高职院校的信仰教育要用典型事例打动学生,用饱满情感感染学生。例如,面对失控的汽车,为了保护学生而不幸失火双腿的"最美女教师"张丽莉;去世时年仅 22 岁,却已经留下共计 200 余万字的思索人生意义的日记、书信的"哲学女孩"何金慧……这些鲜活的事例能够让学生体会追求马克思主义信仰的幸福感,鼓励自我价值的实现。

第四,加强马克思主义理论的实践。主体性德育关注将信仰具体化为阶段性可以达到的目标,从而体现于受教育主体的现实实践与需要之中。脱离了主体的实践,脱离了阶段性目标的满足,信仰是不可能实现的。马克思作为信仰所不懈追求的,是全人类的彻底解放——既是个性的彻底释放,更是人自由而全面发展的实现,这也是共产党人为之终生奋斗的共产主义理想。将育人作为首要职能的高职院校,实现人的全面自由发展应当落实到实现学生的全面自由发展上来,教育主体需要根据高职学生动手能力强、社会实践需求较为迫切的特点开展"体验式"信仰教育,让马克思主义融入高职学生的日常生活、学习,使其真正被理解、接受与践行。

5.2　以培养积极心理为核心的情感教育

5.2.1　情感教育的重要性

夏丏尊先生将道德情感比喻为教育上的水，将德育模式的建构比喻为掘池，认为学界过于关注池的形状即德育模式本身的架构却忽视了池之为池即对道德情感的培养这一关键要素。

1. 情感是德育接受过程中重要的非理性因素，影响着德育目标的实现

情感本身具有道德、不道德与非道德的界分，而与教育相结合的情感具有了引导性和社会价值。因此，情感教育中的"情感"是指道德情感，情感教育在本质上与道德情感教育相同。情感是非理性的，是民众对客观事物能否满足自身需要所产生的情绪、态度、体验，属于主观意识范畴。情感的这种非理性决定了情感教育的复杂性：它既不能通过完全的理论灌输实现，也无法依靠单一的教育形式完成。

学界对于情感教育的探讨很多，罗杰斯、苏霍姆林斯基、斯卡特金等教育学家都对情感教育做过深入的研究，提出过人本主义情感教育、情感动力、情感教学等理论。情感教育的定义也较为丰富，有学者认为，情感教育就是通过各种教育途径与教育方式，促进情感内化为学生思维，使学生的情感体验转化为一种符合社会期待的、带有特定情感意义的行为的过程。也有学者将有目的、有计划地对学生施加各种积极的教育影响，促进情感机能健康发展以及培养学生良好的情感品质、健全的人格人性，形成健康的世界观、人生观和价值观的过程作为情感教育的定义。

情感直接影响着主体品德的养成、人格的形成。因此，情感教育对主体性道德人格的形成具有重要的意义。对于具有"自卑情结"，在微时代受到"信息茧房"与"微平台依赖"双重挑战的高职学生而言，情感教育应当界定为：以培养积极、丰富的道德情感为核心，激发受教育主体主动的态度、坚定的意志、自由的思想，从而促进其形成健全的人格、良好的道德品质。

2. 情感是道德规范内化为主体德行的必要条件

第一，情感是高职学生进行正确认知的必要条件。列宁认为，没有情感就没有对真理的追求。情感总是伴随人们的认知活动产生，没有感知、记忆、思维的活动过程，主体就无法产生情感；反之，丰富的情感又能够影响与促进认知活动的深化。微时代高职学生主体性欠缺，这在情感上的表现尤为明显：盲目的情感需求、过于自我的情感判断、极端的表达方式，使其情感丰富却又表现冷漠，情感强烈却又无处寄情，因而对微平台过度依赖，忽视自身与他人的现实情感需要，这种不健康的情感表现阻碍了道德认知过程。

第二，情感是激发高职学生主体需要的必要条件。如果将理性作为德育的唯一尺度，"道德教育就会成为只有道德认知，缺乏道德情感；只有道德知识，缺乏道德信仰；只有道德言说，缺乏道德行为；只有空洞形式，缺乏生动内容的教育活动。"[①] 公德本身需要投入丰富情感，如爱祖国、爱环境等，这种情感可以支撑信仰的形成；与公德相较，私德更关乎个体自身的道德认知与道德行为，如孝敬父母、关爱他人等，无论强调公德还是私德，二者的核心都是注重情感的培养。心理学认为，情感是人对客观事物是否符合其需要所产生的心理体验，马斯洛的需求理论揭示了一个基本原则：人的最迫切的需要是激励人们付诸行动的原动力。因此，人的情感教育过程正是主体需要的唤醒过程，是人的道德行为的引导过程。微时代中，高职院校德育的教育主体不仅要正视受教育主体的需要，而且应当激发其需要。例如，高职学生由于自卑常常封闭自己的情感，以激励为核心的情感教育通过引导学生培植对人、对事的情感，激发学生爱人爱己的行为以及成长发展的需要。

第三，情感是引导高职学生主动行为的必要条件。从道德认知到道德行为的直接传递是可能发生的，这需要道德的训练，它并不牵扯主体性，而是形成了类似生理反射的应然行为。苏格拉底认为，情感在学生品德的

---

① 宋艳：《生活德育模式之建构》，《探索》2005 年第 2 期。

形成与发展中起着至关重要的作用，它既是由知到信转化的中介，无情则无信，又是道德行为的动力。人的行为受道德认知的影响，也受情感、意志的影响。正确的认知缺少了民众情感的高度认可就不可能付诸人们的行为实践，即使人们由于客观约束力而被迫行动，也并不涉及主体性的问题，只有理智上被认知与情感上被认同才是主体性的根本体现。在涂尔干看来，学会依据社会要求的方式行动，能够认识自己行动的意义，并以此行为为乐，才是真正受到过道德教育的人。朱小蔓教授认为："没有或缺乏真实情感的言语和行为，并不是真正的美德。"① 如果一名学生在公共场所被迫将座位让给一位老者，那么不能就此认定学生做出了道德行为。因为这种行为缺乏情感，缺乏独立意志，缺乏主体性。实验心理学已经用大量实验证实，任何道德判断都是源于情感。主体情感发生的过程包括情绪激活、认知评估、情绪体验等相互联系的环节。休谟认为，情感由于能产生快乐、痛苦或者构成幸福、苦难，因而成为欲望的源泉、行为的动机。情感具有强化定势的功能，在生活实践中曾经产生的情感体验，会储存于主体记忆之中，形成恒常的心理背景。遇到同类问题时，主体会自动启动对信息的加工、判断。因此，积极的情感使道德认知充满活力与正能量，并能够调节道德行为。

5.2.2 情感教育的内容

情感教育是通过培养受教主体的道德感受和体验来构建高职学生的道德价值体系，从而实现对其主体性道德人格的塑造。在实施过程中，微时代高职学生的情感教育具体表现为三种特征：第一，过程的依附性。情感教育在高职院校并非一门独立课程，它依附于各种课程、学生活动等形式开展。第二，方式的体验性。情感教育强调以情育情，即情感本身既是道德教育的内容，又具有教育的工具性价值，这不同于其他类型的教育，教师通过情感影响情感，学生在体验中将情感内化为道德修养、外化为行为习惯。第三，平台的多样性。高职学生个体的情感基础以及情感接受能力、

---

① 朱小蔓：《育德是教育的灵魂 动情是德育的关键》，《教育研究》2000 年第 4 期。

学习能力的差异非常大，以"智育"的方式开展情感教育往往是事倍功半的。因此，微时代的情感教育没有统一的模式和固定的程式可以遵循，需要教育主体根据不同学生的实际情况利用多种平台创造性地开展工作。

1. 情感教育以积极心理教育为核心

依据情感价值变化方向的不同，情感可以划分为正向情感与负向情感。情感教育重在正向情感的培养、负向情感的抑制与疏导。心理学认为，正向情感就是积极的情感，是一种良好的心态，表现为个体外在的积极情绪。在积极情感的影响下，个体通过不断的努力、乐观的态度能够激发出创造性思维。积极的情感需要积极的心理教育来实现。王希永教授认为，积极的心理教育是指主体为了塑造积极的心理品质，通过积极的心理体验，以充分挖掘积极心理因素的教育活动[①]。它能够帮助受教育主体积累积极的心理资本，即通过教育引导所形成的包括友善、乐观、自信、坚强等品质在内的积极心理状态。积极心理体现为：第一，积极的情绪。积极的情绪能够激发建设性的认知及心理反应，提升主体创造性的思维、应变能力以及其他适应行为。第二，积极的心态。它表现为主体的正能量，是一种积极的人生态度，主体具有积极的心态，表示能够以乐观的态度看待一切。积极心理教育具有以下特性：

（1）积极心理教育具有明确的方向性和目的性

"积极"内含主动性，以此预设了个体的主动选择能力，选择需要依据一定标准，这里的标准正是主体所认可的价值观。高职学生往往被他人认为不成熟，实质是其还未形成固定的价值观，表现为两个方面：一方面，道德判断容易被情绪左右，对采取不同表述的同一件事物可能会恣意地运用两种截然相反的态度进行应对；另一方面，缺乏统一的认知标准，往往是严以待人，宽以律己，缺少坚忍的意志，在追求目标时容易半途而废。因此，在价值观的引导下，积极心理教育具有明确的指向性。

---

① 王希永：《实施积极心理教育的思考》，《中国教育学刊》2006 年第 4 期。

（2）积极心理教育注重激发学生的能动性

积极心理教育力求让受教育主体的主动行为具备合理的目标和高尚的社会价值，在活动中既能尊重客观规律，又能聆听他人建议；受教育主体为了实现目标能够自觉遵守纪律，能够冷静面对失败，能够正确评价自己，能够及时调整心态并绝不轻言放弃。积极心理教育强调通过积极的心理体验促进学生的主体发展，相信学生，激发、调动学生的积极性。

（3）积极心理倾向的动力是爱，这是普世真理

孔子认为仁者爱人，柏拉图强调爱神造就人间和平，法国著名导演吕克·贝松在《第五元素》一片中使用天马行空的想象力讲述了爱能够战胜一切的故事。爱是人类永恒的主题。斯宾诺莎认为，爱是为外在原因所伴随着的快乐，凡人们想象到的能够增进快乐的东西，都应当努力实现它。因此，情感教育的核心是对爱的激发。

（4）积极心理活动需要兴趣的引导

马斯洛将主体的创造能力划分为特殊天才型与自我实现型两类，后者渊源于先天遗传，前者则普遍存在于人的潜意识之中。人人均有为了寻求愿望的实现而努力从事创造的行为倾向。积极的心理活动离不开兴趣的引导，高职学生情感表现比较漠然，似乎缺少兴趣与特长，其实质则是与学习无关的兴趣爱好曾经被学校或者家庭认为"不务正业"而受到压制，或者由于主体性不被认可未能实现兴趣的进一步开发。因此，激发高职学生的兴趣、发展适合主体的兴趣点，成了积极心理教育不可或缺的部分。

（5）积极心理教育需要采取积极的教育方式

孟万金教授认为，"积极的心理教育就是一切从积极出发，用积极的视角发现各种问题、解读各种现象，用积极的内容和途径培养积极向上的心态，用积极的过程诱发积极的情感体验，用积极的反馈强化正效果，用积极的态度塑造积极的品质。"[①] 因此，积极心理学是倡导用积极的方式激发主动性，进而实现主体性道德人格的培养。

---

① 孟万金：《论积极心理健康教育》，《教育研究》2008 年第 5 期。

2. 情感教育的内容层次

根据情感教育的指向，可以分为个人情感教育、集体情感教育与社会情感教育。个人情感教育是指引导受教育主体生成对自己和对他人的情感；集体情感教育是引导受教育主体生成对自身所属的集体、团体的情感；社会情感教育则是引导受教育主体生成对国家和社会的情感。三者并不孤立，更不互斥，共同构成了情感教育的内容层次。

（1）个人情感教育内容

首先，培养学生的感恩意识。随着微时代的飞速发展，高职学生的情感表现愈加淡漠。越来越多的高职学生加入到"情感低头族"的行列。情感低头族英文名为"Phubbing"，形容只顾低头看电子产品而冷落面前亲友的族群。这造成家庭关系的日益疏远，父母沦为学生"钱夹子"的状况较为普遍。个人情感教育正是针对这一现象的存在，呼唤高职学生的情感回归，构建学生的存在感、参与感、获得感，提升对未来的乐观主义态度和对生活的忠诚，引导其感恩父母、友敬他人，从而融洽家庭关系，和谐社会关系。

其次，培养学生的情感控制能力。高职学生思维活跃、个性鲜明、自我控制能力不强。这造成学生的情感爆发激烈，容易冲动、容易失控。一方面，情感教育需要引导学生控制自己的情感，具体表现为能够约束自己的情绪，不做过激、偏激的事，以保护自己、保护他人；另一方面，需要激发学生的内在需求。高职学生对自身缺乏正确认知，不了解自己真正的情感需要，易将外在的特立独行或者任性而为作为自己的迫切需求。情感教育需要引导学生转变观念，认识自我，了解自身的真正需要，培养能够促进主体性发展的个人情感。

（2）集体情感教育内容

微时代高职学生比较自我，过分关注个人感受，被钱理群教授称为"精致的利己主义者"，这导致学生的团队意识不强，对于集体活动缺乏参与热情。涂尔干认为，集体情感是成员平均具有的情感的综合，铭刻在每个人的意识里，得到一致的认可。集体情感教育应当增强学生的归属感、自豪感、荣誉感，引导学生主动承担集体成员的责任，养成利他、关爱、文明等品质，使学生热爱团队、融入团队，实现团队和谐发展的同时促进主体情感的均衡发展。

（3）社会情感教育内容

最初的社会情感研究是由社会学家完成的。埃利亚斯认为，个人情感呈现出与社会结构密切对应的关系。高考失利造成的自卑情结，学习环境、生活环境诸多变化造成的不适，导致高职学生心理落差较大，遇到困难疲于应对、茫然无措。作为大学生的自信与作为高职学生的自卑之间的矛盾，失落的孤独感与强烈的人际交往需求之间的矛盾，使得高职学生心理变化复杂，对自身的情绪关注过度，对国家和社会关心不足，这种情感表现割裂了个人与社会的存在关系。高职学生只有寻找到个人情感与社会情感之间的平衡点，才能养成正向的、健全的人格，才能成为社会主义的合格建设者和可靠接班人，这需要依靠爱国主义教育来实现。微时代的爱国主义教育内容主要包括三个方面：为了将个人情感与社会情感相结合，需要引导学生爱祖国、爱集体、爱人民；为了将主体发展融入国家发展，需要教育学生爱科学、爱知识、爱真理；为了让学生能够服务社会，需要培养学生的宽容、利他、社会责任感等品质。

5.3　以培养法治思维为核心的"自由观"教育

5.3.1　自由观教育的重要性

道德与自由的关系问题由来已久，康德、叔本华都曾对其进行过论证。阿奎那也认为，自由不仅被看作是道德行为的一个先决条件，更重要的是，行为只有在自由的前提下才是真正的合乎道德的行为。自由是主体性道德人格的重要组成，其本质是内在自由、意志自由，建基于理性所控制的自由之上，受内心的约束，需要自主自律。道德行为是道德的外显，本质上是一种道德习惯。叶圣陶先生认为，"教育是什么？往简单方面说，只是一句话，就是要养成良好习惯。"① 这种良好行为习惯的养成不仅需要高职学生具有丰富的道德情感，还需要高职学生树立权责一体的正确自由观。

中国不乏自由的观念，更不缺少自由的传统。无论《庄子》的逍遥，还是《老子》的无忧，都蕴含着自由的无尽深意。近代，孙中山先生更是将"日出而作，日入而息，凿井而饮，耕田而食，帝力何有于我哉"作为先民的自由歌，以此说明中国自古以来，虽无自由之名，而确有自由之实，为中国自由的历史正名。毋庸讳言，中国在一些历史阶段，确实缺失了对自由的保护，以至于中国人对自由的渴望被压抑。当很多中国人在自由的问题上言必称西方之时，表面上是对自由的向往，实则是对中国传统自由观的误解。中国人的自由观关乎个人的内心世界，它绝非外在的束缚，而是内心的超然。但西方的自由要猛烈得多，似乎只有推翻什么、变革什么，才能在限制下自由起来。两种自由本无所谓好坏，只是不同文化差异的表现而已。

可见，无论是中国的自由传统还是西方的自由精神，都将自由视为主体的重要权利。在微时代这一彰显主体价值的时代，容易被边缘化、标签化的高职学生更加渴望自由。然而，高职学生的自律缺陷是其缺少正确的自由观念，缺乏规则意识、程序意识的表征。没有规矩，难成方圆。这种缺失容易导致言行的"任性"，阻碍高职学生的成长与发展。因此，能够促进主体性道德人格养成的自由观教育是微时代高职院校主体性德育模式中重要的德育内容。

5.3.2 自由观教育的内容

1. 认识自由的边界

洛克在《洛克说自由与人权》一书中强调，人的自然自由不受任何其他权力的约束，不被任何人的意志所左右，不处于立法权之下，它仅以自然法为准绳。可见，即便是自然自由，也应当受到自然法的约束，而并非

---

① 沈淑芳、陈岚：《与美德相伴和习惯同行》，《中国德育》2014 年第 6 期。

是罗伯特·菲尔麦爵士所认为的"可以完全的自由行为、自由生活，而不受法律束缚"的那种自由。马克思主义人性论将人的社会性作为基本观点，这可以解释设定自由边界的原因问题。斯宾诺莎在其巨著《伦理学》中也谈到自由，但其与洛克的区别在于对自由与必然关系的认知：洛克认为自由是相对的，它受必然性的支配与限制；斯宾诺莎则提出自由是对必然的认识。这两位出生于 1632 年的先哲为自由理论的奠基，构成了若干年来人们对自由争论的根本分歧。但是无论何种自由观点或者自由理论，在自由存在边界的问题上人们已然达成了共识。

自由不是任性，人人放纵只能消解文明，带来社会的无序。道德是人的精神自律，自我约束是主体性的表现。丹·韦伯斯特曾经说过：自由和必要的限制是相辅相成的；别人的限制多了，我们受的就少了，因此也就更自由了。既然自由有边界，那么，它的边界应当做何种界定？一方面，在个人与国家的关系之中，法律是自由的底线。"处于社会中的人的自由，除了经人们共同认可的国家立法权以外，不受任何其他立法权的支配；除了立法机关根据委托所制定的法律以外，不受意志的管辖或任何法律的约束。"[①] 另一方面，在个人与他人的关系之中，"不干涉"是建立自由边界的原则。"不干涉"是英国自由主义代表人物约翰·斯图尔特·密尔提出的 19 世纪以来最为重要的自由原则：只有在自我防卫的目的下，人们才可以合法地干涉任何其他个体的行动。也就是说，每个主体在不伤害到别人的情况下都拥有属于自己的一切自由。可见，边界的确立需要法律与制度的构建作为依据。高职院校的学生在世界观、人生观、价值观的养成方面并不成熟，他们对法律的底线、制度的边界知之甚少，更多地关注微时代对主体的放大、对草根的关切，却忽略了组织的依归、社会的需要。

2. 认识自由与责任的关系

自由是一种权利，权责一体，责任是广义自由概念中的一部分，古往今来，从不存在无责任的自由。然而，心理学强调，人有一种自我提高偏

---

① ［英］洛克著，高适编译：《洛克说自由与人权》，华中科技大学出版社，2012 年，第 17 页。

见，容易将成功归于自己，而不愿对失败承担责任。因此负责任本身是件困难的事。微时代，高职学生追求自由，在微平台上肆无忌惮地发表言论，却忘记了自由权利的行使也需要负责。由于入学前长期被边缘化，高职学生具有自卑情结，容易产生消极和抵触心理，在发布信息、传递信息时，往往不能客观全面地思考问题，而是以单纯的情绪发泄为目的，对信息的真实性不加考证，为虚假信息的校园传播提供了可能；虚假消息的扩散又会侵害到他人利益或者社会的公共利益，这是权利与责任的割裂，无责任的权利势必造成权利的滥用。在微时代，高职学生既需要对自己线上的言论负责，也需要对自己线下的言行负责。只有负责，才会有所敬畏，有敬畏才会慎行。

3. 认识自由与正当权利的关系

许多学者认为：狭义的自由就是权利。高职学生是即将服务社会的技术技能人才，教育主体应加强学生的法制教育，尤其应重视劳动法等相关法律法规的教育，明确学生的权利，告知他们在正当权利受到侵害时应如何维权，进而维护整个社会的劳动秩序。

德育实践中，高职学生除了具有法律规定的各项权利之外，参与权与选择权的赋予也与学生自由观念的培育息息相关。

（1）高职学生的参与权

对学校事务的参与是学生行使其他正当权利的基础，这种参与权表现为三个方面：首先，赋予学生话语权是参与权行使的前提。高职院校应当在程序上畅通各种渠道，确保管理的科学性、民主性，尊重学生的主体性，鼓励学生话语权的行使，保障高职学生主体性的实现，对此普通高校有可资借鉴的范例。例如，南开大学让学生参与到最高议事机构——校务委员会，首都师范大学建立了学生校长助理制度，中国科技大学实施了学生提案制度，这些实践都是为了让受教育主体充分发声，从而保障自我教育、自我管理的实现。其次，学生能够自主地参与政策的制定。高职院校长期以来形成的"封闭立法"是建基于忽视高职学生主体地位的认知之上的，这导致了一些问题：第一，制定主体缺少学生，违背了以学生为本的教育理念，抑制了高职学生主体性的发挥，造成学生对学校政策、决策不了解，无法形成真正的道德认知，甚至产生一定的排斥心理。第二，制定过程缺少学生参与，忽视了受教育主体的道德发展水平，造成决策、政策脱离社会发展和学生思想实际。因此，让学生自主参与制定过程是促进微时代高职学生自我教育的重要前提。最后，学生能够自主参与切身利益相关的各项工作。对于与学生切身利益相关的奖惩工作，包括奖助学金的评定、各项评奖评优、各项惩处决定等，应当通过制度的建设保障并鼓励学生的自主参与，这不仅能够确保过程的公开、公正，也能够缓解学生对处罚的不良情绪与体验，减少或避免不当处罚对学生的伤害。

（2）高职学生的选择权

习近平总书记认为，职业教育肩负着培养多样化人才、传承技术技能、促进就业创业的重要职责。[①] 人才培养的多样化既要求高职院校创新思维，拓宽培养的路径，丰富培养的方式；又要求高职院校赋予学生选择权，充分激发其能动性、自主性、创造性，鼓励自我实现。

无论是创新的思维还是学生选择权的赋予，都需要高职院校以"供给侧"的视角开展教育教学。供给侧，即供给方面，是经济学上的概念，与需求侧相对。微时代高职教育最为重要的供给是培养更多适应能力强、创新创业能力强的高素质人才。在供给侧改革背景下，高职教育对外为地区、行业、企业提供有效的人才供给，这种供给并非空中楼阁，而是需要依靠对内提供多样化的教育教学服务来实现的。

第一，高职教育需要提供多样化的专业设置。高职教育应当坚持差异化发展原则，围绕区域经济一体化的不断深入、"一带一路"的逐渐开展、中国制造 2025 的持续深化，促进专业结构的优化与专业设置的多样化，这需要淘汰落后专业，及时停办不符合经济发展要求与民众需求的"僵尸"专业；需要整合传统专业，注重设置跨领域的复合型专业，以适应经济新常态；需要培育优势专业，对能够促进产业技术革新、促进行业企业发展

---

① 《习近平就加快发展职业教育做出重要指示》，《人民日报》，2014 年 6 月 24 日。

的重要专业、重点项目给予大力支持。第二，高职教育需要提供多样化的成长路径。传统的职业教育是"低分教育"，将人才限定于劳动力市场的中下游，学生缺少技术技能的应用转化能力与职业发展能力，缺乏对成长路径的选择权利。高职院校多元化的办学模式构建了高职教育人才培养的"立交桥"，为学生提供了多元化的成长路径。例如，北京市推出的高端技术技能人才贯通培养项目正是为高职学生多元化成长路径所设置的一种新选择，其联通了中等职业教育、高等职业教育、国内国外的普通高等教育，整合了国家示范性高职院校资源、高水平北京市属本科院校及国外应用技术大学等各级各类优质教育资源，解决了中高职课程内容重复率高的问题，开发了高职学生继续深造与终身学习的需求，有利于高职学生的主体性发展与自我实现。

5.4 以培养创造力为核心的职业道德教育

高职教育的特殊性决定了高职学生的创造力主要来源于职业过程之中，包括职业学习、职业实践、顶岗实习等环节。

5.4.1 职业道德教育的重要性

职业道德教育是高职德育内容的重要组成，既是提升高职学生职业素质的必然要求，也是提升职业创造力的基本条件。

1. 职业道德教育是提高受教育主体职业素质的必然要求

企业衡量人才的标准是职业素质，包括职业能力与职业道德。诚如徐平利所言，"没有人否认，最好的高技能人才一定是德才兼备的人才。"[①]而在现实的教育实践中，高职院校对于受教育主体职业能力的培养更为关注，这是高职院校重技能教育、轻通识教育的特点所决定的。陈云涛认为，高职院校关注"能力本位"的教育，它以全面分析职业要求为出发点，以

---

① 徐平利：《什么是高职院校的"大学精神"》，《高等工程教育研究》2008 年第 6 期。

提供行业、企业需要的人才为原则，以使学生具备从事职业所需的实际能力为目标，强调高职学生在技术技能学习过程中的主体地位。这种功利主义的教育思想使得高职教育规模迅速发展的同时，发展路径、发展空间受到了抑制。知识、技能虽然重要，但是与做人的价值相比，就不得不具有了工具的特性。职业道德，是指从事一定职业的主体在职业活动中应当遵循的道德原则与行为规范的总和。2001 年中共中央印发的《公民道德建设实施纲要》指出：职业道德是所有从业人员在职业活动中应当遵循的行为准则，涵盖了从业人员与服务对象、职业与职工、职业与职业之间的关系。[①]　实际工作中，用人单位对高职毕业生的职业道德要求甚至高于对职业技能的要求。而在职业道德的培养上，高职院校的关注度并不够，这显然与行业、企业的需求相背离。

2. 职业道德教育是提升受教育主体创造力的基本条件

100 多年前，关于创造力的研究就已经开始。1950 年，吉尔福特在心理学会上将"创造力"一词引入科学研究，肯定了创造力研究的现实意义与学术价值后，创造力的研究热潮随之涌现。中国创造学会副秘书长王灿明教授早在 2011 年就对全国青少年科技创新大赛的作品做过分析。在累计 2048 件获奖作品中，职业院校仅占 9 件，除去来自澳门职业院校的 3 件作品外，内地职业院校只有 6 件作品获奖。仅仅依据这一现象固然无法对职业院校学生的创造力做出武断的评价，但创造力的培养成为职业教育体系当中最为迫切的需要已经毋庸置疑。

（1）职业道德教育能够激发高职学生的创造动机

美国社会心理学家阿玛布丽通过大量研究证明：内部动机对人的创造性极具促进作用，而创造动机是个体对工作的基本态度和对从事该工作理由的认知。职业道德内涵敬业精神的培养，高职学生职业道德水平愈高，创造动机就愈强，创造力提升的可能性愈大，愈容易取得创造成果。即便职业能力有欠缺，足够的创造动机也能够驱动主体通过专业学习与职业训

---

① 《公民道德建设实施纲要》，2001 年 9 月 20 日。

练来弥补；相反，如果主体的职业道德处于较低水平，即使有较强的职业能力，也缺乏创造动机的驱动，难以取得创造性成果。

（2）职业道德教育能够促进高职学生对知识的掌握

创造力是开放性的思维方式，包含从已有信息推导出新信息，创造有价值的新事物的能力。新事物包括新理论、新方法、新技术、新产品等。顾明远教授认为，创造教育应以培养学生的基础知识与创造素质为前提，二者并不矛盾。创造并非无中生有，而是基础知识的整合、转化，因此创造力的培养以丰富的知识储备为基础。随着微时代的发展，学生能够占有愈来愈多的新信息。一方面，微时代高职学生应当依据职业道德标准，在爆炸式的信息中去伪存真，去粗取精，做出正确、合理、有效的价值判断；另一方面，这些信息的学习、辨别是储备知识的重要方式。高水平的职业道德能够激发高职学生的主动性，促进受教育主体通过各种方式加强对职业知识的不断学习与积累。

5.4.2 职业道德教育的内容

1. 培养学生的创造力

创新是微时代的时代特性，也是主体性的重要内涵。《第五项修炼：学习型组织的艺术与实践》的作者彼得·圣吉认为，解决问题的关键杠杆作用往往来自新的思考方式。在人类系统中，人们常常不能发挥杠杆作用的潜力，找不到有效解决问题的关键。[1] 人是生产力中第一活跃的因素，人的职业素质对生产力水平的提升十分关键，这种提升的核心在于受教育主体的职业创造力。

1943年，陶行知先生在《创造宣言》一文中提到，处处是创造之地，天天是创造之时，人人是创造之人。高职学生未来将工作于生产、服务的一线，他（她）们实践能力强，个性突出，漠视权威，不拘泥于传统，愿

---

① ［美］彼得·圣吉著，张成林译，《第五项修炼：学习型组织的艺术与实践》，中信出版社，2009年，第44页。

意挑战规则，这些特征从一定程度上符合创造力特质。如果具备较高的职业道德水准，高职学生极易激发职业中的创造力，进而在工作过程中通过提升生产效率促进经济的发展。

　　培养学生的创造力就是培养学生的创意、创新、创业能力，最为根本的是创造性思维的培养，即具有高度思想活跃与思想开放的性格思维，这是创造的想象基础。一方面，创造性思维的前提是人格的独立、个性的发展。杜威认为，德育应表现个性、培养个性，这与主体性德育模式的要求、微时代的发展特征是相统一的。因此，教育主体需要对主体地位予以确认与尊重。另一方面，创造性思维需要实际训练。联合国教科文组织的大卫·卡勒博士认为，一般人读过的能够掌握 20%，看过操作的能够掌握 60%，亲自做过的能够掌握 80%。高职学生通过情景式练习、体验式学习积累并灵活运用职业知识，是培养创造性思维的重要方式。

　　创业能力是高职学生创造力的重要体现。第二届国际技术与职业教育大会提出，创业能力是一种核心能力，培养创业能力应成为改革教育与培训的一项重要内容。第二届全国职业教育工作会议也强调，职业教育要注重培养创业能力。李克强总理也明确提出"大众创业，万众创新"，强调"让人们在创造财富的过程中，更好地实现精神追求和自身价值"[1]。可见，创业已经成为主体性实现的重要方式。微时代高职院校日益重视高职学生创业能力的培养，创业课程、创业项目孵化、创业基地建设都有了长足的进步与发展，这为学生创造力的培养提供了物质保障与智力支持。

　　2. 增强学生的职业精神

　　每项职业都存在具体的道德规范，例如，会计职业的基本道德要求是不做假账。所有职业都应当遵循的职业要求被称为职业道德的基本规范，依据《公民道德建设实施纲要》的要求，每一种职业的从业人员都应当遵守"爱岗敬业，诚实守信，办事公道，服务群众，奉献社会"的职业道德

---

① 李克强：《2015 年国务院政府工作报告》，2015 年 3 月 5 日。

规范[①]。

职业精神是指从业的精神状态，是职业道德的核心，是职业创造的内驱力，缺少职业精神就不可能形成真正意义上的职业道德。2016 年，李克强总理在政府工作报告中提出：鼓励企业开展个性化定制、柔性化生产，培育精益求精的工匠精神。[②] 工匠精神是职业精神的重要内涵，是指工匠即技术技能人才的价值取向，是对品质的追求，具体内容为：以恭敬和负责的态度对待自身工作，享受工作，包括恪尽职守、注重细节、精益求精、严谨专业、勤奋努力。

与"职业精神"这一概念相比，工匠精神具有更为深厚的传统文化积淀与广泛认可的民众基础。例如，庖丁解牛、扁鹊行医都是世代传颂的经典，是通过职业技术反映职业精神的典型案例。如果没有几十年如一日的刻苦钻研，没有对事业全身心忘我投入的精神境界，无论哪一种行业都是无法掌握职业规律并熟练操作与应用的。

职业态度是职业精神的重要内容，台湾高等职业院校对此尤为重视。以龙华科技学院为例，它将 "$C=(K+S)A$" 作为校训：C 为 competency 之意，K 代指 knowledge，S 为 skill，A 意为 attitude，即职业态度对于学生职业素养提升的影响是成几何级数增长的。职业态度的本质是具有奉献精神与责任心，奉献源于热爱，这种情感能够激励主体充分发挥能动性、自主性、创造性，积极探索、攻克难题；责任心能够帮助主体发现工作流程中的各项问题，针对问题提出创新建议，设计创新方案。

---

① 《公民道德建设实施纲要》，2001 年 9 月 20 日。

② 李克强：《2016 年国务院政府工作报告》，2016 年 3 月 5 日。

第 6 章

微时代高职院校主体性
德育模式的德育途径

　　德育途径是指教育主体为传授德育内容、实现主体性道德人格的德育目标而确定的各种路径或者渠道的总称，具有明显的价值导向，如典型人物宣传、公益广告推广。德育途径与德育方法既有联系又有区别：途径是为实现德育目标而确定的路径、渠道，方法则是在某种途径中具体采用的方式、办法。有学者认为，高职院校德育主要存在三种途径，分别为：直接途径——德育课堂；间接途径——各科教学、特别活动、班级指导；潜在途径——教师的人品、校风、家庭和社会环境①。一些学者直接将德育分为显性与隐性两种途径，本书采取此种二分法。学生品格的形成是道德认知、道德情感、道德行为的统一体，道德认知主要通过显性德育获取，道德情感主要通过隐性途径熏陶，道德行为则是二者共同作用的结果，是道德认知与道德情感的外显。

　　高职院校德育的显性途径与隐性途径是相辅相成，不可或缺的。德育的显性途径又称为显性德育，单一的显性德育容易受到高职学生的排斥，这决定了其无法成为微时代唯一的德育途径，而隐性德育的分散性又决定了其不可能系统地整合与设置德育内容。例如，专业的教学课程是按照自

---

① 陈铁补、杨继平：《日本三次教育改革对我国教改的启示和借鉴》，《教学与管理》1995 年第 3 期。

身的教学目的安排教学计划与教学进度，其设置的主线并非德育本身，这会影响德育内容的完整性与逻辑性，因此隐性德育也无法成为唯一的德育途径。只有显性德育与隐性德育相结合，才能保证德育模式的实施与德育目标的实现。

6.1 微时代高职院校主体性德育模式的显性途径

在微时代，信息产业得到迅猛发展。有研究者做过测算，如果汽车行业的发展等同于信息产业的发展速度，人们现在可以用 1 英镑买到 1 辆劳斯莱斯牌汽车。微时代是信息时代，信息是传递价值观的重要载体。目前高职学生获取信息的方式已经从传统媒体转向多种渠道，这意味着各种思潮会席卷而来。高职德育的教育主体应当传授道德知识，明确德育立场，提升学生的道德选择与道德判断能力。德育的显性途径是德育内容的正面传授途径，是高职院校系统性传授道德内容的最为重要的方式。主要的显性途径即德育课堂，包括德育课程、德育讲座等。微时代，即使话语自由，主体地位成为民众的重大关切，德育的显性途径也不能被摒弃或者减弱，这是关系国之根本的教育大计。

6.1.1 显性德育途径的必要性

显性德育途径主要是指以灌输为主的德育课堂。"灌输"本身是一个中性词，来源于水利灌溉，原意是指将流水引导到需要水分的地方。德育中的"灌输"使用的是其引申意义，即思想、知识等的传递与输送，包括列宁所说的"政治意识的灌输"。微时代，灌输在德育中似乎成了被妖魔化的词汇，成了"强制"甚至"压制"的代名词，成了激发学生主体性的根本障碍，这是过于强调灌输方式的结果。灌输的单向性在一定程度上确实容易产生"强制"的效果：对单向性的过度关注会忽略甚至否定灌输内容的合理性与必要性。本书中的灌输注重对其引申意义的还原，更加强调对灌输内容的关注。

1. 显性德育有利于主流意识形态的传播

中国的社会主义本质决定了显性德育的重要地位，这是由于：第一，政治教育无法内生。工人在获取技能时，很少甚至完全认识不到在自身所从事工作中的科学过程或技术原理。在一般的工人看来，自己所做的工作仅仅是简单的、常规的、机械的，这与工人政治意识的生成过程基本一致。列宁对工人的政治意识做出过著名论断："工人本来也不可能有社会民主主义的意识。这种意识只能从外面灌输进去。"[①] 以社会主义理论为例，马克思、恩格斯、列宁是社会主义理论集大成者，在此之前有欧文、傅立叶的空想社会主义；在此之后则有马克思主义理论的中国化。科学的理论需要旗帜鲜明的呈现，而理论体系的系统性、理论关系的复杂性又决定了政治理论无法仅仅依靠隐性教育就能够得到完整清晰的表达。因此，正面的灌输必不可少。第二，间接经验需要获取。人类对客观世界的认识存在两种基本方式：一种是通过直接经验认识，另外一种是通过间接经验认识。所谓间接经验，是指认识者主要通过了解前人已经获得的认识而认识客观世界。辩证唯物主义认为，直接认识固然重要，间接经验不可或缺。在人的成长历程中，间接经验是绝大部分认知来源的渠道，这是认识有限性这一理性思考的彰显，没有人能穷尽所有的实践。因此，课堂上的灌输是高职学生获取德育知识的重要途径。

2. 对于道德知识的灌输与高职学生主体性的实现并不矛盾

灌输能够正面传授各种道德知识，这与高职学生主体性的实现并不矛盾：第一，灌输是获得前人认识成果的重要途径。个体要提升道德能力，必须学习前人的认识成果，包括前人的感性经验、系统化的道德知识，以及道德规范、道德规律等。只有以群体之前的道德成果为起点，个体才能够获得比前人更为丰富的主体性。第二，灌输是获得关于人自身知识的重要途径，后天学习能够提升学生获得道德知识的能力。知识越丰富，获得知识的能力越强，思维能力越强，发现真理的能力也随之增强。学生本质

① 《列宁选集》第 1 卷，人民出版社，2012 年，第 317 页。

力量的增强决定其能够在获得客观知识的同时获取关于人本身的知识，从而通过知识的中介实现对自己本质、自身价值等方面的理性把握，逐步提升主体意识。

灌输引申意义的回归有利于教育主体对于显性途径的理性认知。然而，在长期的德育实践中，以灌输为主要承载的显性途径，容易诱发受教育主体的排斥心理，具有一定的消极性。

6.1.2 显性德育途径的消极性

"灌输"一词具有的消极性，除了表现在"灌输"所蕴含的方式备受诟病之外，还在于"灌输"本身具有的工具性特征。灌输的消极性是显性德育无法成为唯一的德育途径的最为重要的原因。

1. 对于灌输"强制性"与"机械性"的认识

威尔逊强调，"如果认为一个心智健全的聪明人一旦了解到有关的事实和论点就必然形成相应的信念，那是不正确的。"[1] 目前的高职院校德育领域中，灌输正面临这样的尴尬：一方面，对灌输的工具性理解将受教育主体的关注点完全集中于教育方式上；另一方面，长期的德育实践中，灌输的强制性表达造成了其缺乏普遍接受的依据、缺乏人们能够理解的充分根据。在微时代，灌输更被理解为强制、僵化、缺乏人性关怀的代名词。对于快速地学习并获取道德知识的体系而言，机械的灌输显然是非常有用的。然而，如果学生无法将这些知识融入生活去亲身实践、切身体验，再完备的道德知识也只能是记忆中的文字符号而已。在受教育主体的能动性和自主性更受关注的微时代，主体性的实现需要通过自身的道德活动来完成。因此，灌输在微时代的适用是必要的，更是谨慎的，对其适用范围需要进行严格的规定与限制。

2. 对于灌输"标准化"的质疑

高职院校德育课堂中灌输的标准化忽略了学生的多样性与差异性，教

---

[1] John Wilson，"Education and Indoctrination". In Aims of Education. 1969. P27—28.

学的工具性忽视了学生道德发展过程中的主体选择作用。教育主体往往满足于特定价值观念和道德准则的传递，过于关注社会道德体系的规范，忽略了学生不同的生理、心理实际与知识、思维发展水平，这使得本身对课堂教育缺乏兴趣的高职学生产生逆反与排斥的心理。可见，单一的显性德育既无法完全反映时代需求，也无法充分满足高职学生的需要。

3. 对于灌输缺乏"实践性"的认知

就传授道德观念及政治理论而言，德育课堂具有便捷性、有效性。然而，课堂教学注重讲授、缺少实践指导的弊端确实存在。同时，课堂教学所存在的范围的局限性也决定了教育主体难以通过显性途径开展系统性的道德训练，或者进行道德行为的检验与反馈。加之高职院校学制三年，课堂教学时数远少于普通高校。因此，通过增加显性德育课程来加强道德教育的方式在高职院校缺少现实性与可能性。

6.1.3 显性德育途径的微平台化

微时代，显性德育与微平台相结合形成了新的形式。第一，教育主体可以利用微博、微信随时随地开展德育，学生能够及时互动。由于并非面对面的交流，这种互动往往更具有真实性，学生也具有更为安全舒适的体验与感受。正如刘惊铎所言，感受或领会是对表达的接受，良好的接受状态会进一步激发表达者表达的欲望，不断深化表达。[①] 第二，高职院校为了增强德育对学生的吸引力，依托 MOOC（慕课）等方式进行改革。MOOC平台具有规模性、开放性等特点，而高职院校的德育课程是通识课程，具有内容的综合性、受众群体的广泛性等特征，这与 MOOC 的特点具有很高的契合度，为二者结合奠定了基础。MOOC 是以连通主义理论和网络化学习的开放教育为基础的在线课程开发模式，教育主体往往通过微平台等社交工具与受教育主体进行互动问答与直线交流，具有即时性、便捷性的特点。相比远程教育所提供的课程录像而言，以 MOOC 为代表的现代在线教

---

① 刘惊铎著：《道德体验论》，人民教育出版社，2003 年，第 236-237 页。

育具有了质的飞跃。高职院校可以将移动互联网络作为MOOC的主要平台，立足其能够利用碎片时间的特征，设计德育类MOOC，方便学生学习。第三，教学用App是微时代的重要德育平台。高职院校依托移动互联网，研制、推广了将德育内容编写为类似"一站到底"的趣味问答类节目形式的App，这种寓教于乐的方式能够使高职学生在反复使用软件的过程中，逐渐认可、接受其传导的德育内容，在趣味回答的过程中积累道德知识，培养道德情感。

6.2 微时代高职院校主体性德育模式的隐性途径

6.2.1 隐性德育途径的重要性

德育并非单纯的知识传播过程，因此，显性德育虽然在学生道德认知的建设上具有优势，但却无法解决所有的道德问题，如道德情感与道德行为培养的问题：道德情感是内生过程，道德行为是外显过程，二者均需要长时间的涵养与潜移默化的熏陶；在高职学生道德情感与道德行为的引导方面，隐形途径占据优势。德育的隐性途径又可称为隐性课程、隐性德育，是指教育主体具有明确的教育意图，但在教育过程中，受教育主体没有明显的受教育意识，而是通过感染、熏陶、渗透等方式干预其无意识的心理活动，使学生在不知不觉中间接获得道德知识与经验、感悟道德情感、践行道德行为的教育途径。柯尔伯格认为，隐性德育能够作为促进学生道德成长的手段；杜威也极力推崇隐性德育，认为教育主体无意识地给予、受教育主体无意识地接受的思想引导才是最成功的。

1. 隐性德育的教育主体多元

美国教育家菲利普·杰克逊于20世纪60年代提出隐性课程的概念，认为其最显著的特征是教育主体的多元化：由于隐性课程是以隐蔽的、渗透的、分散的形式开展，因此，教育主体可以是对培养受教育主体的主体性道德人格产生影响的任何个体，这能够有效整合各种德育力量。

2. 隐性德育本质上是主体性的觉醒

隐性德育本质上是主体性的觉醒，是从社会价值认同到个体价值认同的转向，触及个人与社会关系这一德育的根本问题。

在主体性德育模式的建构中，隐性德育无疑需要获得更多关注。隐性德育更加关注个体，强调德育应当从个人的主体需要出发，反归到人性的培养；方法论上，隐性德育认为道德并非通过说教得来，推崇主体的理性思维，强调尊重个人意志与自由选择。

3. 隐性德育更具可接受性

美国坦普尔大学教授列奥纳德·斯维德勒认为，意识形态是文化世界中最少被想当然接受的一极。可见，以传播意识形态为重要内容的德育需要依靠能够被广泛认同的途径开展。高职学生具有突出的个性特征，表现出较强的个体意识与逆反心理，隐性德育的间接性与隐蔽性决定了其具有"先天优势"，能够契合高职学生的心理特征，更容易为受教育主体所接受。

4. 隐性德育效果的持久性

西方的隐性德育渗透于国民教育之中，美国梦、好莱坞影片等都是引导道德认知、道德情感的重要方式，是隐形德育的重要途径。这种教育方式虽然需要的时间长，但对学生的影响是终生的。隐性德育的渗透性符合高职学生的认知规律，符合主体性道德人格养成规律，符合高职教育的"职业性"特征：针对某一职业的需要，培养学生的职业素养，培养学生主动的道德认知、丰富的职业道德情感与富有创造力的职业行为习惯，以便适应经济社会发展对于职业人的要求。

有学者认为，隐性德育包括高职院校正式教育计划之外的各类活动，例如，文化宣传、规章制度等能够对学生的世界观、人生观、价值观产生影响的教育途径。[①] 还有学者将隐性德育的形式划分为物质层面的隐性德育、互动层面的隐性德育、文化层面的隐性德育、制度层面的隐性

---

① 席彩云：《隐性德育对高校德育改革的拓展》，《学校党建与思想教育》2006 年第 1 期。

德育。① 本书在对隐形德育各种表述进行分析整合的基础上提出，微时代高职院校隐性德育主要包括两类：第一类是文化教育，第二类是仪式教育。

6.2.2 隐性德育途径的文化教育

黄炎培先生认为，仅仅教学生职业技术或者技能，而不注意精神陶冶的教育，不能称之为职业教育，这种精神的陶冶需要依靠文化进行。"文化作为一种弥散于特定人群的文化心态，规定和制约着人与人之间的互动关系和活动方式，同时塑造着人们的行为模式。"② 高职院校的校园文化既具有文化的共性，也具有高等教育的特性，是指通过长期的教育实践积淀而来，为师生所共同认可并予以遵守的价值观念、行为方式以及物质环境的整合。

文化是一种生活方式，道德当然也存在于生活方式之中。2004年，中共中央国务院颁布《关于进一步加强和改进大学生思想政治教育的意见》强调，要"贴近实际、贴近生活、贴近学生，努力提高思想政治教育的针对性、实效性和吸引力、感染力"。③ 主体性德育模式的建构如果脱离生活的逻辑，必然陷入形而上学的思维方式之中。因此，高职院校应当注重营造和谐的校园文化。

1. "校企融合"的文化育人

我国的高职教育于20世纪80年代正式发端，加之高职院校通常具有的合并或转型的特殊背景，造成其发展历史并不悠久。这与一些普通高校动辄上百年的建校历史是有差别的，缺少悠久的历史很难积聚深厚的文化底蕴。高职院校在文化的厚重性上必然有所缺失。然而，高职院校所具有的灵活的办学方式、校企结合的特殊形式、体验式的课程设计为其特色文

---

① 冯光：《把握特点开发隐性德育：增强高职德育实效性的现实途径》，《教育与职业》2009年第35期。

② 何茜：《文化育人的载体：校园仪式建设》，《思想理论教育》2012年第9期。

③ 《中共中央国务院关于进一步加强和改进大学生思想政治教育的意见》，2004年10月14日。

化的发展奠定了坚实基础。

（1）文化共同体育人

关于共同体，英国社会学家齐格蒙特·鲍曼在《共同体》一书中有过具体论述，"共同体是指社会中存在的、基于主观上或客观上的共同特征而组成的各种层次的团体、组织。"[①] 文化共同体是指在相同核心价值观的基础上，持有共同文化理念、文化精神的各方组成的社会群体。中华民族的历史是文化共同体演化、发展的历史，从诸子百家到秦始皇大一统，再到蔡元培先生的兼容并包，文化融合为中华文明奠定了深厚底蕴。文化融合不是文化的简单相加，而是理念的根本性融合。就高职院校而言，学校、行业、企业通过文化的渗透融合能够形成有形的文化共同体与无形的文化共同体。有形的文化共同体是指学校与企业、行业在文化融合中形成的实体，如冠名学院；无形的文化共同体是指三方原则、规范、价值观等层面上达成的共识，这需要形成文化互识与文化认同。

第一，高职院校应当将企业文化要素融入办学理念，不断调整专业结构，强化德育师资队伍建设，在教育管理与教学服务中充分渗透企业、行业文化，将校园文化与企业、行业文化有机结合。在文化结合的过程中，学校、企业、行业之间存在相同文化也必然存在相异文化，这是由不同的目标、不同的实体性质所决定的。三者之间应当以求同存异为文化结合的原则，统一目标、凝聚共识，充分激发企业、行业的合作热情，共同促进高职人才培养目标的实现与高职学生主体性道德人格的形成。第二，将企业文化融入实习实训，加强校企合作。高职院校实践教学的形式主要包括实验、实训、实习，这是高职学生道德体验的重要情境，是企业传播与贯彻文化的重要途径。高职院校需要充分开发与利用现实道德资源，将行业、企业文化融入道德认知建构、道德情感养成与道德行为体验之中。第三，文化符号体现共同育人内涵。文化符号是指具有特殊内涵的标识，在高职院校，这种特殊内涵就是与企业、行业文化的融合，多体现于环境氛围的营造之中。心理学

---

① ［英］齐格蒙特·鲍曼著，欧阳景根译：《共同体》，江苏人民出版社，2003 年，第 4 页。

家伯恩海姆认为，人的活动受到环境的较大影响，一切环境刺激都能够潜移默化地改变个体；苏霍姆林斯基也提出，要让学校的每一面墙壁都会说话。我国很多高职校园内随处可见文化融合形成的符号。例如，财贸类高职院校用算盘珠子摆出世界地图，将大门设计成钱币样式，将校园地面雕刻成丝绸之路地图，等等，都是在用文化符号潜移默化开展德育。

（2）行业规范育人

企业、行业的文化中既有设备、设施等物质形态的"硬文化"，也存在理念、规范等精神形态的"软文化"，行业规范属于典型的软文化。高职院校的校园文化在与企业文化、行业文化融合的过程中，既需要关注办学理念等原则性的融合，也需要关注在文化氛围、课堂教学、实习实践等细节方面不断吸收行业规范，潜移默化地影响学生。安藤饶雄认为，先进的文化，不需要用任何抽象的理智形式，像知识灌输一样，从外面强加于人，它像空气一样包围着受教育主体，让他不知不觉而又自觉自愿去接受去体会，从而心甘情愿接受教育。[①] 这种潜移默化的影响主要表现在以下两个方面：

第一，以行业标准打造实训基地。产教融合、校企合作、工学结合、知行合一是高职院校办学的重要原则。实训基地是学生重要的仿真学习环境，高职院校要将行业标准引入实训基地的建设与实际运行，充分开发高职教育的实践性、真实性、体验性。第二，围绕企业要求进行教学设计。高职教育关注社会需求，是与企业需要、行业需要关系最为密切的教育，这在其专业设置上可见一斑。教育过程中，高职院校依据企业要求进行教学设计，将企业文化融入课程安排。订单培养、上班式课程、教师下企业、专家进校园等都是校园文化与行业规范相融合的重要表征。

微时代，伴随国家的经济结构调整与产业结构升级，重点产业、主要行业处于变化与创新之中。随着京津冀一体化的不断深入、"一带一路"的逐步开展、中国制造2025的持续深化，行业、企业对技术技能人才的需

---

① ［日］安藤尧雄著，马晓塘、佟顶力译：《学校管理》，文化教育出版社，1981年，第103页。

要出现了新的增长点。作为与企业、行业文化紧密融合的高职院校，应当坚持培养学生主体性道德人格的德育目标，转换视角，更新观念，始终同步于社会经济的发展。

2. 传统文化育人

就心理学角度观之，传统文化属于一种集体潜意识，是先辈们世世代代的活动方式和经验成果固化于人脑中的遗传痕迹，具有传承性。中国的传统文化，讲求以文化之，即文化本身蕴含着育人的意义，具有教育的功能。这种教育功能主要体现于两个领域：第一，古代哲学。作为凝聚了传统文化基本精神的中国哲学，是教育的重要承载。中国古代哲学是伦理性的哲学体系，以国家、民族、家族的伦理道德为核心，主要包括本体论、认识论与道德论，其涉及胸怀天下的爱国主义思想，强调君君、臣臣、父父、子子的人伦关系与人伦价值，提倡仁义礼智信的和谐相处原则，向往古圣先贤的崇高境界与理想人格。第二，儒家思想。中国是儒家文化的发源地，以儒家伦理为核心的传统美德是我们进行道德教育的宝贵资源，是中国现代德育发展的重要支撑。德育具有民族性，作为一种综合性的道德文化，德育的民族性正是渊源于中华传统文化中的民族特性。因此，民族化是德育现代化的重要内容，是德育发展的重要动力。万俊人教授更为明确地提出，应当将中国的传统儒家道德教育及其伦理资源置于现代性的视野中进行问题审理。

毋庸否认，微时代高职德育与传统文化在一定程度上存在冲突，这是历史与现实的冲突，是当代文明与文化传统的差异。然而，一味强调冲突否定传承是不足取的。以史为镜，求同存异，采纳其长才是传统文化教育应有的态度。传统文化是核心价值观形成的重要基础，20 世纪 90 年代初，我国学者左其沛等人从人的社会性可以遗传的角度提出品德生成具有遗传的心理基础。遗传就个体而言是基因的遗传，就社会而言是文化的遗传。无论是道德的承继性抑或文化的传承性，微时代高职德育都无法回避传统文化教育的问题。传统文化隐含着社会主义核心价值观的精神意蕴。中共中央政治局在第十二次集体学习中，将中华文化定义为"提高国家文化软实力最深厚的源泉";习近平总书记强调,"中华优秀传统文化已经成为中华民族的基因,植根在中国人内心,潜移默化影响着中国人的思想方式和行为方式。"[1] 牢固的核心价值观需要有牢固的根本,传统文化正是核心价值观之本。因此,培育和弘扬社会主义核心价值观必须立足中华优秀传统文化。抛弃传统、丢掉根本,是割断中华民族精神命脉与历史传承的"自杀式"行为。

对于知行不一的高职学生而言,传统文化教育具有更为重要的德育价值:知书方能达礼。高职学生学习积极性不足,知识水平欠缺,礼貌常识欠缺,传统文化教育能够通过传授各种道德常识引导学生知礼,形成充分的道德认知;高职学生自我控制能力不足,传统文化教育能够通过传授各种行为规范引导学生守礼;高职学生自我认识不足,主动性不足,目标不明确,缺乏将礼仪规范内化为自身道德情感、外化为道德行为的意识,传统文化教育能够通过各种仪式制度教育学生行礼。传统仪制虽然承载着文化教育的价值,承担着营造传统文化教育氛围的重要职能,但其形式上属于仪式教育的组成部分。因此,本书将在"隐形德育途径的仪式教育"一节对其做具体论述。

6.2.3 隐性德育途径的仪式教育[2]

价值观并非显性知识,而是属于缄默知识的范畴。缄默知识具有"很难用言语、文字或符号表达"[3] 的特征……作为一种缄默知识,价值观与显性知识最大的不同点在于,它必须以受教育主体的内心自觉为前提,否则就不能为受教育主体所接受。这种内心自觉的前提是主体需要经历价值观的选择过程,这并非单纯的价值转移过程,而是旧的主导价值让位于新

---

① 习近平:《青年要自觉践行社会主义核心价值观(2014 年 5 月 4 日)》,《习近平谈治国理政》,外文出版社,2014 年,第 170 页。

② 梁家峰、张洁、杨克:《以仪式教育促进高职学生价值观的养成》,《北京教育(德育版)》2015 年第 12 期。

③ 周菊芳:《走出价值观教育的误区》,《中国教育学刊》2014 年第 6 期。

的主导价值的价值重构过程，或者说是一个否定之否定的过程。在微时代，面对多元思潮的挑战，主体性欠缺的高职学生在价值观的自我选择方面是缺乏认知基础的，这需要仪式教育进行引导。

仪式教育作为一种隐性教育，是高职院校价值观教育的重要形式，也是高职学生喜闻乐见的德育载体。它能够将抽象的价值观念具象化，这符合高职教育特征，尊重高职学生的主体需求与成长规律。

现代的仪式都能够在最初的仪式类型中寻找到原型。例如，扫墓来源于祭祀仪式，竞赛来源于战争仪式等。这是由于仪式隐喻着群体的历史记忆与社会认同，经过人类发展的涤荡，这种隐喻内化为集体意识、外化为广泛认可的仪式形式，理所当然地存在于人们的生活之中。高职院校的仪式教育已经超越了曾经的仪式原型意义，依靠仪式凝聚认同的历史特性赋予其价值观念的象征性承载。

高职院校仪式教育是指通过具有象征性的仪式，潜移默化地对学生进行精神激励的一种价值观教育形式，其外延既包括典礼，也包括其他类型的仪式教育活动。这里的仪式为广义概念，指有角色分配的一切社会行为。可见，仪式教育实质上是一种隐性德育，它将承载的核心价值观内隐，依靠多样的形式寓教育内容于仪式情境之中，使高职学生从潜意识层面对仪式产生情感共鸣，通过模仿、从众、认同等心理发展过程接受仪式教育的影响，这符合高职学生的认知规律。仪式教育通过生动的形式赋予仪式象征意义，能够引导学生在教育活动中进行独立的价值判断、自主的道德思维，从而将仪式所承载的价值观念内化。

早期的人类学研究中，仪式多为宗教仪式，指特定的宗教行为和社会实践，其研究是伴随宗教研究而发展的。涂尔干认为，宗教能够分解为信仰与仪式两个基本范畴：信仰属于内容范畴，是指主张、见解；仪式属于形式范畴，是指信仰的物质形式、行为模式。从逻辑上说，信仰是观念的，仪式则是实践的，是建立在信仰之上的。19 世纪，仪式逐渐脱离宗教背景作为专门的语词出现，被重新予以广泛性解释，并被赋予了愈来愈丰富的内涵和外延。然而，无论仪式是否脱离了原初的宗教背景，也不论其含义如何变化，信仰与仪式的关系始终不变。

在微时代，高职学生的信仰养成过程正是价值观养成过程。按照仪式与信仰关系的逻辑，信仰决定仪式，作为工具的仪式又能够强化并深化个体信仰。高职院校的仪式教育具有激励、导向、规范、教化的功能。其促进社会主义核心价值观的培育与践行正是依靠不同类型仪式教育所具备的不同功能实现的。

1. 以仪式教育激励爱国热情

爱国是庄严而神圣的词汇，仪式教育对学生爱国热情的激励是通过传统仪式教育与仪式符号教育两个方面体现的：

（1）传统仪式教育

中国向来注重礼制。费孝通先生认为，礼不是靠外在的权力来推行的，而是从教化中养成了个人的敬畏之感，使人服膺。人服礼是主动的，这种主动服礼是依靠仪式教育的教化与激励完成的。[①] 在微时代，高职学生面对多元思潮容易陷入选择困境。有学者认为，"现在比以前任何时候都需要重振仪式和典礼，将其作为我们精神发展的燃料。"[②]

传统仪式是民族精神的当代表达。从屈原的投江明志，到林则徐的"苟利国家生死以，岂因祸福避趋之"，再到叶挺坚贞不屈地创作《囚歌》，无不是中华民族自强不息的民族精神的代表。如中秋诗会、清明节祭奠先烈仪式，正是以传统节日为载体的仪式教育。仪式的周期性重复，激发学生的民族自豪感，将民族精神固化于学生的观念之中。

传统仪式是爱国情怀的文化阐释。传统仪式承载着民族的共同记忆，能够激发学生的群体认同。中国人民的爱国情怀正是以高度凝练的方式寄托于传统仪式之中。

（2）仪式符号教育

学校仪式的基本属性是象征性符号，它们所承载的核心价值观就是仪

---

① 费孝通著：《乡土中国 生育制度 乡土重建》，商务印书馆，2011年，第55页。
② 赵晓雨：《我国高校仪式文化研究》，河北科技大学硕士论文，2013年。

式的符号意义。正如卡西尔所言，"通过外部物质世界中的符号显示内部精神世界中的符号[①]。"以升国旗仪式为例，红色的国旗象征先辈们为了民族解放而浴血奋战，激昂的国歌体现了华夏儿女不屈不挠的民族意志，庄严的注目礼激发了高职学生对于爱国的无限想象；神圣的氛围让高职学生获得了崇敬的情感体验，国旗下的讲话在这样的情境中得到升华。升国旗仪式正是在对仪式符号的解构与仪式情境的渲染中将爱国情怀根植于学生心中，融入学生血脉。

2. 以仪式教育树立敬业意识

敬业是公民的职业要求，高度的敬业意识是人生价值实现的前提，是对事业全身心投入的精神境界，关系职业人的幸福，关系社会的和谐发展。树立敬业意识是高职院校仪式教育的重要承载，是高职人才培养的关键。

（1）职业体验型仪式教育

高职教育具有鲜明的职业针对性，其目标是培养"高素质劳动者和技能型人才"，把握职业要求、遵从职业规范是树立敬业意识的前提，这就需要高职学生了解专业、认同职业价值取向。

（2）模仿型仪式教育

职业人才的高素质既涵盖职业能力，也包括敬业意识。树立敬业意识的仪式教育关键在于强化奉献意识与树立敬业榜样，两者都需要通过模仿性仪式教育的导向来实现。一方面，高职院校应当强化学生的奉献意识。如每逢雷锋纪念日、国际志愿者日即举办全体学生参加的纪念仪式。随着微时代的发展，线上的仪式教育的覆盖面与影响力日益广泛。年度志愿人物微信评选仪式等，能够引导学生在学习模仿的过程中树立奉献意识。另一方面，优秀顶岗实习生颁奖仪式、优秀校友表彰仪式，均能够通过树立敬业榜样的演示来引导学生树立职业理想和敬业意识。

---

① 〔德〕恩斯特·卡西尔著，甘阳译：《人论》，上海译文出版社，1985 年，第 175 页。

3. 以仪式教育规范诚信行为

承载"诚信"观念的仪式教育对高职学生心理和行为具有规范意义，通过禁止与引导两个方面的规范最终使诚信意识在学生中内化于心、外化于行。

（1）禁止型仪式教育

高职学生行为上缺乏自制力，禁止性的仪式教育正是为了规范学生行为而开展的。例如，禁烟仪式就是通过学生签署承诺书的方式，禁止学生在校内的吸烟行为。

（2）引导型仪式教育

一方面，通过仪式教育，引导学生秉承诚信的态度，做人、做事上要"确立信用"。另一方面，通过仪式教育，引导学生自觉践行诚信。例如，通过无人监考班级的仪式，树立学生的诚信意识，引导学生自觉遵守诚信原则，践行诚信行为。

4. 以仪式教育培养友善品质

友善是对真善美的追求，是友好善良的道德品质。通过仪式教育，高职学生在有规律的周期性、重复性行为中，能够固化情感，提高认识，养成友善品质。

（1）情感型仪式教育

培养高职学生友善品质的前提是学生道德情感的培育。情感的培养强调情境，强调以情育情，这又是灌输教育无法达到的"盲区"。因此，隐喻性的仪式教育在情感培育方面十分重要。在亲情教育方面，用类似"一封家书"的最传统、朴素的仪式让学生践行孝道；母亲节举办的微博祝福仪式，让学生懂得爱、付出爱，融洽了家庭关系。在朋辈群体中，集体生日仪式、集体班会仪式、集体团日仪式、集体拓展仪式的举办都是凝聚人心、增进朋辈之间情感的重要形式，高职学生在此过程中能够养成友善待人、乐于协作的良好习惯。

（2）日常礼仪教育

荀子言："国无礼则不宁。"明礼就是要教育学生讲文明，懂礼仪，遵守秩序，这是构建和谐社会的基础，是学生友善品质的表现。日常礼仪，就是将礼节仪式日常化，使学生通过礼仪的重复性训练，养成习惯，形成仪式感。仪式是一种道德实践，涉及环境的可选择性与行为的可选择性的二重关系，其实质是在既定的环境中，不断通过深入日常生活使行为获得新的意义。上课前的"问好"仪式，开学典礼上的拜师仪式，毕业典礼上的谢师仪式，不仅能够教育学生尊师重道，也能够教育教师行为示范，从而营造和谐的校园氛围，为培养学生友善品质创设情境。

第7章

微时代高职院校主体性德育模式的德育方法与德育评价

　　方法具有世界观的性质，是供现实研究使用的方法，也是进一步研究的出发点。德育方法是教育主体教育理念的图解，具有中介性。这决定了方法反映的是教育主体的关系思维，体现了教育主体与受教育主体之间的关联性。有学者按照德育方法将主体性德育模式细化，建构新的具体德育模式。有学者认为，近年来，具有主体性德育模式类型特质的具体模式有"自主构建型"德育模式、"自主—选择—养成"德育模式、"自我教育"模式及"激励参与"模式。这些具体德育模式主要是对主体性德育模式路径、方法的阐述，并不构成独立的德育模式类型，但对于德育方法的研究而言，这些"模式"具有一定的借鉴价值。

　　依据不同的教育主体，德育方法可以分为教育主体的教育方法与受教育主体的自我教育方法：教育方法是指教育主体对受教育主体的道德培养，是将外在的道德规范转化为主体的内在品行；自我教育方法是受教育主体自觉、主动地将社会道德规范转化为自身的道德品行，即自我道德修养。微时代为德育提供了新的平台、新的形式，它使得德育的覆盖面更广，针对性更强，增强了教育主体与受教育主体的联结，是德育方式创新的重要基础。

　　第一，微时代使德育方法得到了优化。随着微时代的到来，信息化已经成为不可逆转的潮流。诚如尼葛洛庞帝的描述："信息技术的发展将变革人类的学习方式、工作方式、娱乐方式，一句话，人们的生活方式。"①
高职院校不管主观意愿如何，信息校园、智慧校园已然成为现代校园建设
的主要方向，学校的各类微信息与大数据的各类统计、预测相辅相成、相
得益彰。整合学生的各项数据，能够观测学生的学习习惯、生活习惯，从
而实现高职院校德育的优化。关于这种优化，一些普通高校的做法可资借鉴。
例如，南京理工大学对学生的饭卡刷卡记录进行数据分析，将月均在食堂
吃饭超过 60 顿、消费不足 420 元的学生列为资助对象，在家庭经济困难学
生提出申请之前就予以资助，这让"精准资助"依托微时代变得"更聪明"、
更人性、更符合学生需要。正如陶鹏所言，"在大数据与微时代的共同影响下，
数据被视为一种新型权力，个性被当成自我价值的突出显现……人们已经
不仅仅满足于大众化的公共服务，转而注重个性化需求，希望个体的声音
能够引起社会关注……多元个性化需求倒逼虚拟社会公共服务不断趋于丰
富完善，大众化需求得到细化，服务对象的分类更加明确。"②

　　第二，微时代使德育摆脱了空间限制。微时代德育的最大特点就是摆
脱了物理空间的限制。一方面，这种摆脱是摆脱了课堂限制，教育主体通
过微平台可以便捷地开展德育，将德育渗透到包括顶岗实习在内的高职学
生培养的各个阶段、各个环节；另一方面，这种摆脱是摆脱了传统信息技
术的空间限制，这是微时代与网络时代的重要区别。网络时代离不开 PC 机，
其发展自然受到计算机的物理限制，而微时代移动终端的普及则为德育突
破物理界限奠定了基础。微时代交流平台的发展是断代式的，这些平台都
可以成为德育方式的新载体。例如，大学生群体使用智能型手机的比例为
80.8%，使用移动互联网络获取信息的比例高达 99.42%。高职德育的教育
主体可以充分利用移动互联网的特性突破时间、空间的界限，将德育开展
得更为鲜活、更具生活性。

---

① ［美］尼古拉斯·尼葛洛庞帝著，胡泳译：《数字化生存》，海南教育出版社，1997 年，
　　第 15 页。
② 陶鹏：《大数据与微时代：虚拟社会公共服务体系的双重构建》，《重庆邮电大学学报（社
　　会科学版）》2015 年第 2 期。

7.1 微时代高职院校德育教育主体的教育方法

主体性德育模式对德育自主建构的认可并不等于否定德育的价值引导性。在微时代，高职德育的教育主体应当不断创新教育方法，通过激发自身的主体性来引导学生主体性的实现。

学界关于教育方法的研究分为抽象理论研究与具体方法研究两个方面。

第一，抽象理论的研究。哲学映射于德育，可以概括界分为主外与主内两个派别：以边沁、穆勒、斯宾塞、贝恩为代表的功利主义者多为主外派，功利主义对德育形成了三种影响：首先，功利主义重结果轻动机的特性造成德育目标不在于训练善意而在于训练善行，将道德教育作为从道德认知到道德行为的直接传递；其次，功利主义注重赏罚，主张以行为的结果来判断善恶，认为善恶的辨别并非出于良知而是渊源于后天苦乐的经验，这种苦乐经验的设计正是赏罚，因此惩罚与奖赏成为德育不可或缺的手段；最后，功利主义将外部制裁视为道德训练的起始手段，主张由外而内地进行制裁。涂尔干对此有过详细的阐述，他认为："教育的目的在于将个人培养成为社会的一分子。"因此，在道德教育的方法上，涂尔干并不笼统地反对强制，而是从社会学的理论基础出发，强调"教育儿童的现象，不论过去还是现在，总是一个不断强迫的过程，儿童视听言动的方式不是生来就如此，而是通过教育的强迫力使然，起初是强迫儿童饮食有节、起居适当，然后强迫他爱清洁、守安静、听教训，接着强迫他懂得待人的礼节、社会习俗、行为规范，以后又强迫他学会做事，等等。等到儿童长大了，教育的强迫力逐渐消失，但是他幼时接受的教育行为已经成了他'与生俱来'的习惯，不需要强迫他自己也知道照样做下去了。"①

康德主义者多为主内派，认为道德判断的对象不应是行为的结果而应是行为的动机，这与功利主义完全相反。康德主义者认为，意志决定行为时所依据的规律的来源存在于理性之中。因此，应当通过理性、通过责任

---

① ［法］涂尔干著，胡伟译：《社会学研究方法论》，华夏出版社，1988年，第7页。

心使意志能够依据规律来决定行为。康德主义对德育也形成了三种影响：首先，康德主义者主张应以善意的培养为第一要义；其次，不主张赏罚的过多使用；最后，认为善就是无条件地服从规律，这种服从的行为是由内而外的，是缘起于个体观念的。诚如康德主义的代表人物罗森克兰茨所言：道德的主要范畴，在德行方面应当是义务的观念、德的观念和良心的观念。

杜威主张主外派与主内派的综合。他认为，道德判断的对象既包括动机，也包括结果。而善的本质是幸福，在于机能的顺畅。杜威提出，一切道德规律只有工具的价值并无绝对的价值；个人的善行或恶性，既非趋利避害，也非义务心驱使，而是由于主体愿意执行该道德行为。

吴俊升教授综合以上学说，阐述了对理想德育方法的理解：首先侧重功利主义，以外部制裁为手段；其次侧重杜威主张，使受教育对象扩展自我，与个别义务合而为一，乐于执行；最后应以康德学说的道德理想为最高原则，训练依据抽象义务原则而执行道德的行为。这种德育方法的进化轨迹，正是道德不断内化、学生主体性不断提升的过程。微时代主体性德育模式无法将康德培养圣人的教育方法普遍化，因为这与高职教育的规律与德育目标并不符合。然而高职院校却能够以杜威的理论为基础，通过教育主体课堂上的引导、生活上的指导，丰富学生的道德情感，实现道德的内化。

第二，具体方法的研究。微时代高职院校主体性德育模式中的教育方法主要涉及激励教育法、榜样示范法、实践教育法与说理教育法。

7.1.1 激励教育法

激励教育法是指教育主体以激励的方式刺激学生将道德认知内化为道德情感，外化为自觉行动的教育方法。道德对于人不仅仅是约束，更重要的是激励。激励是重要的心理暗示，能够激发主体潜能。所谓心理暗示，是指人受到外界环境或他人的愿望、信念、情绪、判断、态度的影响而产生的心理反应，是日常生活中常见的心理现象。受暗示性是人类在漫长进化过程中形成的自我保护能力和学习能力，是与生俱来的心理特征。从心理学来看，主体都有一种自觉或不自觉地维护自身独立自主地位的倾向，不愿受到别人的干涉或控制，这是对"逆反"的心理学解释。因此，暗示的作用往往比直接劝说或强制命令作用更大，效果更好。正如美国思想家诺曼·文森特·皮尔所言，世界上最能驱动一个人的并非由上而下的命令，而是由内而外的暗示。对于具有自卑情结的高职学生而言，承载心理暗示功能的激励教育是培养积极道德情感的重要方式。

激励理论建基于人具有巨大潜能的设定之上。美国著名成功学大师拿破仑·希尔在其著作《思考致富》中说到，人的天性的某个角落，沉睡着成就的种子。如果把它唤醒，让它活动起来，它就能把你推向从未想象过的人生巅峰。因此，人类大脑中的潜意识一旦被触动，就能带来潜能，这被称为人类的"超能力"。美国心理学家威廉·詹姆斯提出，人类本性最深的期望之一是被赞美、钦佩与尊重。他通过研究发现，一般情况下，人的能力可发挥到20%~30%，而充分受到激励后，其能力可发挥到80%~90%，相当于激励之前的3~4倍。激励是一种暗示，高职学生作为摇摆于成人与儿童之间的状态，世界观、人生观、价值观尚未成熟，道德能力相对较弱，容易为他人所影响，容易接受他人的信息与判断，容易将外在的暗示转化为自身的行为预期。

激励分为正面激励与负面激励。正面激励是指通过赞许、表扬对受教育主体取得的成绩做出肯定，促进其良好品行的养成；负面激励是指对受教育主体的缺点、错误给予否定、惩罚，促进其矫正不良行为。正面激励能够激发受教育主体的主动性、创造性，培养积极的心理情感，帮助其克服自卑情结；负面激励能够使受教育主体产生心理上的畏惧，一定程度的畏惧能够增强主体的反映强度，是人类行为的重要内驱力。同时，负面激励能够警示受教育主体约束自身行为，对于自我约束能力不强的高职学生而言，具有一定的引导意义与价值。

在唯分数论的社会环境中，高职学生从小接受的家庭、学校或者社会评价是"……不行"。意大利心理学家阿沙鸠里提出了"次级潜意识"的概念，认为主体在生命进程中所积累、压抑的心灵经验，将在本能上控制主体的行为及反应，这种消极暗示触发了高职学生的自卑心理——"我不可能完成""我不可能变好"……甚至一些学生由于这种暗示产生强烈的叛逆和对环境的对立情绪。因此，教育主体应当运用暗示语进行积极期待。例如，"你能""你行""你可以"……积极的暗示能够产生激励作用，引导高职学生积极心理的建设，激发学生的主动性，树立学生的自信心。自信与受教育主体的身心健康、学业成就、人际和谐具有显著的正相关关系。较为自信的个体往往具有较高的成就动机。正如《态度决定一切》的作者罗曼·V. 皮尔所言，成功来源于积极的思考，拥有信念比拥有才能更重要。激励教育法的运用需要注意两个问题：

1. 教育主体与受教育主体应当建立信任关系

信任关系建立的前提是理解与尊重，朱自清先生认为：教育者须对于教育有信仰心，如宗教徒对于他的上帝一样；教育者须有健全的人格，尤须有深广的爱；教育者须能够牺牲自己，任劳任怨。高职学生具有丰富的情感和个性，教育主体只有对其投入感情，了解、理解并尊重受教育主体，才能形成主体之间的相互信任。受人尊重的需要是马斯洛需求理论中的人的高阶需要，教育主体尊重、理解学生的需要，能够引导学生树立自尊心。美国教育学家保罗·韦地通过大量研究提出：对自己尊重与友善的态度是学生对老师最大的希望。长期陷于自卑情结的高职学生具有较强的被尊重需求，需要认可与激励，需要教育主体投入爱与关怀。

例：A 同学 15 岁之前有一个幸福的家庭，父亲是公务员，母亲是教师，经济条件十分优越，学习成绩也总是保持在班里的前三名。突然有一天 A 的父亲因为受贿被逮捕，母亲终日以泪洗面，A 同学开始逃课，性格越来越暴戾，与同学的关系十分紧张。老师多次劝说无果，一学期后成绩在班里排名垫底。

案例中的 A 同学升入高职院校后并未有明显好转。面对类似情况，高职德育的教育主体首先应与学生建立信任关系，让学生自己诉说心中最柔弱的地方。其次应当用 A 同学曾经的优异表现，帮助学生重塑信心，从一件件小事开始，让学生积累成就感，修复伤害产生的影响。爱是直达另一个人内心深处的唯一途径，只有实现教育主体与受教育主体之间的共情，才能提升受教育主体的情感体验。共情是深入他人的主观世界，了解其感受的能力，这是以情育情的心理学表述。共情能够使受教育主体对教育主体形成情感上的共鸣，产生情感上的依赖，有利于建立二者的信任关系，有利于提升高职学生的道德能力，促进其道德成长。

2. 激励学生树立目标并为之努力

积极心理学认为，心理学的研究应当置于积极的层面而非消极的层面，强调关注积极心理品质的培养而非消极心理疾病的矫治。这与维克多·弗兰克尔的意义疗法异曲同工，都注重目标激励的重要性。目标激励是指教育主体引导受教育主体设定有价值的目标，并鼓励其为追求目标而努力奋斗，即在目标的引领下激发学生的"精神动力"。高职学生的自卑情结常常导致其缺少梦想。这里的梦想即为目标，缺少梦想会消灭热情，而消灭热情会切断受教育主体奋斗的源泉和动力。教育主体应当及时发现学生的闪光点，通过各种评奖评优机制授予荣誉，包括物质奖励、精神奖励，激励学生的学习、实践热情，帮助学生实现正强化，树立学生的自信心，克服自卑情结。同时，目标的激励应因人而异，通过学生的不同个性、不同基础、不同兴趣爱好，引导学生设定适合自身主体性发展的目标，鼓励学生养成科学的发展意愿，引导学生点燃自己心中的"中国梦"。结合高职学生的认知规律，教育主体在进行目标激励时应当注意将持续时间长、实现难度大的较为复杂的最终目标拆分为容易实现的即期性、阶段性目标，以保护学生的积极性、主动性，帮助受教育主体寻找存在感、获得感、成就感。

7.1.2 榜样示范法

亚里士多德认为美德的培育是一个长期过程，可以通过示范和矫正下的练习获得，这是由于德育的受教育主体最细腻的精神生活领域，即智慧、感情、意志、信念、自我意识正处于形成期，精神生活领域只能用同样的事物，即引导者的智慧、意志、信念、自我意识去施加影响。一方面，德育的教育主体是高职学生在校园里最熟悉的人。根据心理学上的"多看效应"，人们总是对越熟悉的东西越喜欢。言传身教是一种暗示，高职学生具有较强的模仿能力，在与教育主体接触的过程中，会逐渐将其言行作为参照物。古人云："其身正，不令则行，其身不正，虽令不从。"[①] 身教重于言传。柯尔伯格强调："在隐蔽课程中，要紧的是教师和校长的道德品质和思想意识，因为这两样东西会转化成一种动态的社会环境，这种社会环境会影响儿童的环境。"[②] 教育主体应当学为人师，行为世范，将待人处事的原则、做法在日常工作、生活的过程中渗透进学生的道德认知，内化为学生的道德情感，固化为学生的行为习惯，以达到"润物细无声"的教育效果。另一方面，高职院校应当为学生树立职业榜样。柯尔伯格认为，受教育主体的道德判断能够理解并模仿比自己能力更高的同伴的道德判断。价值观仍处于成长期的高职学生具有向上追求的自我意识，在职业榜样的激励与正面引导下，能够充分发挥主体性，不断提高自身的道德能力。优秀校友、行业人物都是能够产生示范性效用的模型，通过其实际经历的讲述以及职业技术与职业道德的指导，引导学生树立职业目标，进行职业规划，规范职业行为。

7.1.3 实践教育法

实践寓于人的现实生活。杜威认为，"教育即生活"，强调德育应在生活情境中进行，德育与生活实践相分离正是传统德育模式遭受质疑的重要原因。主体性德育模式中，高职学生的实践活动与学习生活互相交织、紧密融合。因此，道德实践是生活性的实践，是促进知行合一的重要媒介。实践教育法正是依靠生活实践进行德育的方法，是指通过实践引导学生从认知转向价值实现，从道德评价转向对道德行为的选择。高职院校在教育教学实践中主要通过社会实践、专业实习、顶岗实习等活动开展德育。实

---

① 宋希仁著：《道德观通论》，高等教育出版社，2001年，第113页。

② ［美］柯尔伯格著，魏贤超、柯森译：《道德教育的哲学》，浙江教育出版社，2000年，第274页。

践活动不仅可以让高职学生通过职业过程了解职业特点及职业价值，还能在实践中进行道德价值的判断与道德行为的创造，为未来的职业选择奠定基础。实践教育法需要关注以下两个方面：

第一，加强顶岗实习。较普通高校学生而言，高职学生不仅拥有较强的实践能力，也拥有更多的实习实践机会。根据教育部《关于全面提高高等职业教育教学质量的若干意见》（教高〔2006〕16 号）的要求，"高等职业院校要保证在校生至少有半年时间到企业等用人单位顶岗实习。"①因此，在三年学制的范围内，我国高职院校普遍采取 2.5+0.5 的人才培养方式：即高职学生在校进行专业学习的时间为两年半，另外半年必须深入企业进行顶岗实习。可见，仅顶岗实习一项的时长就占到了高职学生在校时间的 17% 以上，加上社会实践、专业实习等，实习实践的时间占比可以达到高职学生学习时间的三分之一强。

职业教育的特性决定了高职德育需要追求"德"在"行"中成长，这里的"行"是顶岗实习的"行"，是社会实践的"行"，与企业密不可分。因此，在高职学生实习实践的过程中，教育主体深入企业开展德育，是深化校企合作的需要，是高职院校实现德育目标的需要。正如教育部原副部长鲁昕所言，切实加强产教结合，深入推进校企合作，大力培养国家产业体系建设需要的高素质技能型人才。

第二，加强体验式教育。主体性德育作为一种德育模式，在每一个具体对象身上所起到的作用或者引发的影响千差万别，不能脱离具体生活情境谈论主体性。德育过程中，受教育主体只有经过实践才能将道德认知转化为道德行为，提高道德能力；寓于社会生活情境之中的体验性实践活动尤其适合发展个体道德判断能力。高职院校教育教学实践中采用的情景式练习、体验式学习、上班式课程都是利用高职教育规律、引导学生积累并灵活运用道德知识、激发主体性、培养创造性思维的重要教育方式。正如英国教育家洛克所言，德育最重要的是要多做，反复地做，直到做好。在

---

① 《教育部关于全面提高高等职业教育教学质量的若干意见》，2006 年 11 月 16 日。

微时代，随着移动互联网的普及与深入，高职学生可以利用的移动终端日益增多，这刺激了教育资源的共享，为体验式教育的广泛应用提供了技术支持。

7.1.4 说理教育法

高职学生理论水平不高，政治理解能力不强，通过灌输加强马克思主义信仰教育的效果并不理想。诚如黄向阳教授所言，如果不顾学生的接受能力，一味向他们讲述远远高于其理解水平的道理，那么即使这些道理能够被学生熟练背诵，也不会为他们的认知结构所同化，自然也不可能内化为道德情感，固化为道德价值观并体现于学生的道德行为上。说服教育过程是教育者与受教育者作为平等主体的相互交往过程，是双方"人格影响人格、心灵影响心灵"的过程，避免了强制可能引起的逆反。

通过摆事实、讲道理进行道德教育的方法就是说理教育法。蔡元培先生在华工学校讲课时，有德育 30 篇的精彩阐述。无论是"合群"，还是"爱物"，这些道理都是通过身边小事、历史故事来说明的。如"注意公众卫生"一章，蔡先生通过孔子让子贡埋狗发生的一段对话"吾闻之也，敝帷不弃，为埋马也；敝盖不弃，为埋狗也"[①] 来说理，十分贴切，也十分生动有趣。因此，说服教育符合高职学生具象思维的特征，是高职院校德育中较为常用的方法。说服教育法的运用应当注意两个方面：首先，在德育课堂上，教育主体要以史服人，以事实服人，避免说教。在微时代多元思潮的挑战下，尤其需要站在历史的角度，用丰富的史实讲授社会主义核心价值观提出的必然性，引导高职学生主动认知培育和践行社会主义核心价值观的重要性。其次，高职院校的说服教育存在反复性、长期性。微时代高职学生是思维复杂的主体，容易受到各种思潮的影响，其出现的思想上的反复、心理上的波动属于正常的生理、心理现象，这是应当为教育主体所明确认知的事实。因此，教育主体需要通过对受教育主体的长时间观察，依据高职学生的生理、

---

① 蔡元培：《中国人的修养》，中国工人出版社，2008 年，第 4 页。

心理变化及时调整教育方案，反复引导学生形成正确的道德认知，促进其主体性道德人格的养成。

7.2　微时代高职院校德育受教育主体的自我教育方法

按照建构主义理论，道德的发展是主体的自我建构，没有主体参与的活动并非道德活动；然而即便有了主体，主体却无法认同并敬仰道德，也同样不能称之为道德。因此，主体性德育模式尊重人的自主性与发展意愿，尤其注重学生主体作用的发挥、自我教育方法的采用。苏霍姆林斯基认为，真正的教育是自我教育，是教育主体引导受教育主体运用道德能力自觉主动地提高道德认知，丰富道德情感、固化道德行为的教育方式。自我教育的特性表现为开放性与自觉性：

自我教育具有开放性。首先，开放性表现为对环境的开放。自我教育本质上虽然聚焦于主体内在的道德发展，但其受外在环境的影响、制约，需要对环境做出回应。其次，开放性表现为对他人的开放。人总是在学习、劳动、交往等活动中通过他人来认识、认同自我或者表现、发展自我。道德的形成需要以他人的评价作为参照，这决定了自我教育需要具备开放性。

自我教育具有自觉性。社会道德规范通过学生的自觉接受、亲身体验，才能转化为内在的坚定信念与主体的精神内核。自我教育是主体的主动教育，是将外在的道德要求转化为主体道德素质的教育，与主体的道德水平、观念体系密不可分。

自我教育的重要性体现于两个方面：

第一，自我教育能够充分展现受教育主体的主体性。中共中央国务院颁布的《关于进一步加强和改进大学生思想政治教育的意见》强调：加强和改进大学生思想政治教育要，"坚持教育与自我教育相结合"①。邱伟光教授也认为，德育是"使学生的德行从受教走向自教、从教化转向自化、从他律变成自律"②的过程，即自我教育既是德育的方式，也是德育的归宿。这样的道德教育，不仅启发了受教育主体的能动性和自主性，也通过体验的方式使受教育主体获得了对人生的真切感悟。叶澜教授将自我教育作为有意识的活动来认识，提出了自我教育的类别和结构层次，认为人通过自我教育不仅能够认识、把握外部世界，而且能够认识、把握内部世界。

第二，自我教育是满足受教育主体需求的重要方式。主体性在发展过程中会出现两种可能，分别为异化的主体性与非异化的主体性，前者根植于本能冲动，后者渊源于理性思考。对于自律性不强的高职学生而言，容易在感性的驱使下形成异化的主体性。这就需要教育主体通过培养受教育主体的道德能力，引导其主体性由异化向非异化转变。诚如德国教育家洪堡所言，"教育必须培养人的自我决定能力……培养他们自我学习的主动性、抽象的归纳力和理解力，以便使他们在目前无法预料的种种未来局势中自我做出有意义的选择。"③建立在建构主义理论基础上的微时代高职院校主体性德育模式，强调确认学生的主体地位，并通过学生的自我教育完成道德知识的内化。

7.2.1 自我教育的前提：道德能力的具备

无视主体性的德育，将学生视为器皿，只注重道德知识的灌输，却忽略了学生道德能力包括道德判断能力、道德选择能力的提升。社会生活的复杂性、变化性决定了没有一种德育能够穷尽所有的道德情境。因此，忽视道德内化过程的德育，培养的只能是缺乏道德能力、缺少主体性的受教育者。他们在一定时间内也许能够做出符合道德要求的行为，但在面临微

① 《中共中央国务院关于进一步加强和改进大学生思想政治教育的意见》，2004年10月14日。

② 邱伟光：《坚持与时俱进地创新德育理论》，《思想理论教育》2002年第7期。

③ 柯领著：《追问教育的本质》，人民日报出版社，2011年，第145页。

时代新的道德环境或者新的道德选择情境时，缺少主体思考的受教育者必然陷入难以抉择的尴尬境地。因此，道德能力的具备是高职学生进行自我教育的前提。

美国教育家佛罗斯特认为，"假如一个人能掌握准确思考的方法，他就会知道什么是好的，并且主动地去做好事。"① 就德育的受教育主体而言，能够准确思考是一种道德能力。主体性德育模式中，无论是价值观教育、情感教育还是职业道德教育，都是主要通过培养学生的道德能力来培养主体性道德人格。所谓道德能力是道德潜能的现实化，是道德主体认识、理解道德规范，并且在面对道德问题时能够正确辨别是非，主动做出道德判断、道德选择继而付诸行动的能力，主要包括道德判断能力与道德选择能力。道德判断能力是指主体运用已有的道德概念和道德知识对道德现象进行分析、鉴别、评价的心理过程，道德选择能力则是主体在面临价值冲突时基于道德判断做出选择的能力。微时代，信息的信度与数量呈现反比例关系。因此，高职学生对外部信息的占有与鉴别、判断、选择的能力至关重要。在自我教育的过程中，受教育主体只有掌握了充分、真实的信息，才有做出正确道德判断与选择的可能。

7.2.2 自我教育的逻辑起点：自我认知

人的主体性地位确立的过程，也是自我意识日益增强、主体地位日益提升的过程。自我意识，是指受教育主体对自身的主体地位、权利与责任的认知，自我意识的核心是自我认知。为了说明自我认知的重要性，有学者更是直接将自我意识等同于自我认知。自我认知，是人所特有的、自己主宰自己命运和实践活动的一种心理机制，② 是自我教育的起点，既包括对自我的认识，也包括自愿自觉的能动性的发挥。主体性德育模式中，高

---

① ［美］S•E•佛罗斯特著，吴元训译：《西方教育的历史和哲学基础》，华夏出版社，1987年，第61页。

② 祖嘉合著：《思想政治教育方法教程》，北京大学出版社，2004年，第151页。

职院校德育的教育主体应关注唤起和提升高职学生的自我认知，使其建立起自尊、自信、自立、自强等主体意识。

1. 自我认知的基础是自我概念的建立

印度哲学家克里希那穆提认为，毫不扭曲地了解自己的真相……便是美德的开始。这种"自己的真相"与西方心理学研究热点"自我概念"十分契合。1890 年，美国心理学家威廉·詹姆斯提出"自我概念"一词，认为其是个体对自我的知觉，或是个人对自己的形象、认知、情感、意志的总体看法。本书认为，自我概念是个人对自己多方面觉知的总和，是多维度、多层次的立体结构，包括主体对自身性格、兴趣、能力的了解，主体与他人、环境的关系，以及主体对现实生活的评价等。

高职学生缺乏独立性与自觉性，难以形成正确的自我概念；而缺少自我概念就缺少了自我认知形成的基础，欠缺自我认知就不可能形成主体正确的自我期待。在自我教育过程中，自我期待是高职学生自律的前提，是道德水平提升的重要内驱力。自我期待的树立能够引导高职学生主动积极的行为，自我期待的欠缺往往是高职学生主体性欠缺的重要表征。

2. 自我认知的条件是自觉能动性的充分发挥

真正的德育是受教育主体的价值观内化的过程。随着德育的不断深入，教育主体愈来愈深刻地认识到，高职学生是自身品德形成和构建的组织者，外在的道德要求只有通过学生主观能动性的充分发挥以及自愿自觉的实践才能取得认同，内化为其自身的道德情感，外化为道德行为。受教育主体主观能动性的充分发挥不仅需要具有道德能力，更需要具有道德情感。只有具备丰富的道德情感，高职学生才能完成德育的自觉接受与自觉转化。自觉接受是指高职学生作为德育的接受主体认同实施主体所传授的德育内容，将其内化为主观意识并转化为个体素质结构的组成；自觉转化则是高职学生将已经形成的道德认知、道德情感转化为道德行为，并强化成道德习惯，这种自觉接受、自觉转化的过程也是自我认知的建构过程。

7.2.3 自我教育的核心：自我学习

"教"与"学"是一对相伴而生的概念，"教"强调外在控制，"学"强调内在激发，有"教"才有"学"，有"学"才促"教"。在德育领域，道德教育与道德学习是相互呼应的。就受教育主体而言，自我教育既是教育过程，也是学习过程，其核心是自我学习。

1. 自我学习需要学生具有强烈的学习兴趣和学习自信心

人类生来就具有学习模仿的能力，初生婴儿的咿呀学语正是个体本能学习与模仿的现实表现，然而这种简单模仿并不等于人人都能真正学会"学习"本身。与生俱来的学习能力只是为后天学会怎样学习或者学会学习的方式提供了基础条件，只有经过后天努力，自我学习能力才会不断得到开发。自我学习能力是自我教育的最为根本的能力，高职学生由于学习基础、学习兴趣的问题在这方面并不擅长。因此，教育主体需要激发学生的学习兴趣，激励学生树立学习的自信心，引导受教育主体端正学习态度，坚定学习目标，进而唤醒高职学生"沉睡"的学习天赋。

2. 自我学习的中心原则是促进解放性学习

自我学习明确了受教育主体在学习过程中的自我教育地位，将高职学生从受动性的学习中解放出来，形成真正自由的教育。首先，自我学习能够通过学生自我选择学习目标、设定学习计划来增加学生的学习自由，提高学生的学习积极性。其次，自我学习过程中，获得主体地位的学生能够依靠自我监督，意识到学习的重要意义，在学习中不断深化认识，发展自我。再次，随着微时代的发展，信息更新加速，学生在自我学习中能够尝试各种新鲜事物，在尝试与挑战中不断变革，激发对于学习的热情。最后，微时代的创造性与微平台的便捷性刺激了自媒体的发展，加速了信息的供给、分享与传播，既充分激发了高职学生的主体性，也为高职学生的自我学习提供了一定的知识储备。

3. 高职学生需要加强思想理论的自我学习

道德认知的前提是自我学习，尤其是思想理论的学习。人们的行为总是受一定的思想所支配：正确的思想或理论能够指导人们形成对世界的正确认知以及改造世界的正确方式；错误的思想或理论则会对人们认识世界形成误导，进而以错误的方式改造世界。前者符合客观规律，有助于主体实现自身目标；后者违背客观现实，不但降低了主体的学习、行为效率，还可能造成对客观世界的破坏。因此，在微时代复杂多变的环境之中，科学理论对人的武装十分重要。高职学生的理论基础薄弱，利用理论指导实践、分析问题的能力需要加强；同时，其对权威的疏远、对灌输的逆反都决定了教育主体进行理论传授的效果是事倍功半的。因此，只有受教育主体自身意识到理论学习的重要性，将其纳入自我学习的体系之中，才能真正缓解或者彻底解决理论需要与教授途径之间的矛盾，引导学生形成正确的道德认知。

7.2.4 自我教育的重要形式：朋辈德育

个人道德品格的形成，受他人影响是巨大的。法国社会学家塔尔德认为，一切社会的作用，都依赖于个人和个人之间彼此品格上的互相影响而成。这种说法虽不免极端，却也清晰反映出了社会性在主体品格形成中的重要作用。据此，作为高职学生重要社会关系的"朋辈"，对其主体性道德人格的形成具有很大的影响。朋辈，是指年龄相仿或相当，同时具有相似或相同的生活、学习、工作背景的"朋友"和"同辈"。高职院校中，作为受教育主体的学生群体属于朋辈，他们有着相近的年龄、相仿的教育经历、相似的思维特征，彼此能够相互理解。朱小蔓教授认为，"人对人的理解是思想品德形成的基础。"因此朋辈容易形成亲密关系，相互之间的影响力较其他群体更大。朋辈教育亦称朋辈辅导、同辈辅导，其核心是朋辈互助，是一种群体性的自我教育。朋辈教育的主要特点为内生性、平等性、互补性、天然性。朋辈德育是朋辈教育中的一种类型，具有朋辈教育的特征和优势，同时强调朋辈之间的道德教育与道德影响。因此，在受教育主体内部挖掘朋辈的德育力量，既是受教育主体的新发展，又是高职学生自我教育的重要形式。高职学生对政治不敏感，对社会的榜样人物不关注，却对朋辈的关注度很高。教育主体能够利用这种特点，在学生中树立典型，充分发挥朋辈榜样的示范作用，激发学生的进取精神，鼓励良性竞争，形成朋辈之间自我教育的良好氛围。但就高职院校而言，学制短、顶岗实习时间长已经构成了朋辈德育难以逾越的障碍。同时，很多高职院校由合并而来，存在多个校区，各个年级的学生常常被划归不同的校区，这割裂了朋辈德育的连续性。微时代提供了解决这一问题的可能：通过微博、微信等微平台，身处不同校区、不同阶段的朋辈被"串联"，在信息的交换与沟通中，实现了道德的相互影响。微时代，高职院校的朋辈教育愈来愈受到关注，这是由于：

1. 朋辈在微平台具有更为重要的话语权

微博、微信、微视等信息交互的微平台具有时代的烙印，除了所谓的网络大"V"，在普通人中间，朋辈占据了微博粉丝或者微信朋友圈的大多数，网络资源的占有成为朋辈话语权的基础条件。与此相反，家长、教师常常面临被屏蔽、被拉黑的尴尬。诚然，有部分德育工作者在微平台有着极高的威望，但"少数派"依然无法与众多朋辈的影响力相抗衡。

2. 朋辈在微时代是自由、平等、民主的表率

中国传统文化中，教师的权威是由其身份的特殊性带来的。在微时代，德育的教育主体需要首先打破自身的身份枷锁，才可能形成与高职学生平等的交流、互动的沟通；朋辈则不同，他们本身具有自由、平等、民主的迫切愿望，这种朋辈德育的"先天优势"使其在微时代更加具有重要意义。

7.3 微时代高职院校主体性德育模式的德育评价

德育评价是指评价主体依据一定的标准，对德育过程及德育效果做出的价值判断以及对德育目标实现与否或者实现程度进行的评价。德育评价能够了解德育的实际运行状况。同时，德育评价具有信息反馈功能，教育主体据此可以不断调整德育的内容及实施过程。

德育模式具有自身的运行规律，收集反馈、进行评价、总结经验是为

了不断调整模式、掌握规律，使德育工作的开展更为系统化、科学化。作为德育模式建构重要环节之一的德育评价，其实质是对于德育模式自身运行效果的评价，主要包括两个方面：一方面是对学生品德状况的评价，另一方面是对德育模式运行状况的评价。传统德育模式往往忽略德育评价的实质，将其简单等同于学生品德的最终评价，使其难以摆脱功利主义、结果主义的窠臼。虽然德育模式运行的效果最终需要依靠学生主体性道德人格的形成情况予以展现，但这无法掩盖德育评价是为了收集反馈信息以实现德育模式的动态循环与完善的终极目的。

微时代，传统高职德育评价呈现出多种矛盾：

第一，德育评价的合理性与可操作性的矛盾。当前高职院校的德育评价多以闭卷考试的方式进行。首先，就道德认知的角度而言，这种智育化的评价方式具有一定的合理性与较强的操作性，但却忽略了道德情感等非理性因素。正如 JP 基夫斯在《模式和模式建立》中所言：道德教育并不像自然科学那样客观、确定、可验证。因此，智育化的评价方式无法完整反映学生的道德水平，自然也难以作为德育模式的真实映射。其次，德育的教育主体作为评价主体，具有较强的主观性，缺少客观的评判与监督，完全由教师评价的做法也影响了受教育主体的主体性形成与发展。最后，高职学生入学前未养成良好的学习习惯，采用"应试"型的评判标准并不客观，不符合高职学生的特点及发展规律。

第二，微时代德育效果滞后性与微时代即时性的矛盾。檀传宝教授认为：再好的德育也不可能一蹴而就，需要一个长期涵养的过程。首先，与专业教育相比，德的成果是伴随学生的成长与发展逐渐显现出来的，短期内难以获得，不具有即时性。其次，德育所产生的影响是潜移默化的，是抽象的，很难用量化、具体的、即时的标准去衡量。而微时代的突出特点是快速、即时，这产生了德育效果滞后性与微时代即时性的矛盾。

第三，微时代德育统一量化标准与个性化定制的矛盾。目前我国的高职院校德育评价大多采用统一的量化标准，即便是较为多用的综合素质测评也难以完全解决测评标准过于统一的问题。微时代注重主体性。同时，主体性德育模式要求对学生采取有针对性的，即"私人定制"的德育方式，这形成了量化标准统一与个性化定制需要之间的矛盾。

针对这些问题，德育评价应当制定相应的评价原则：

第一，评价标准的层次性。前已述及，主体性德育模式中的德育目标设定为培养主体性道德人格，即能动性、自主性、创造性得到充分发挥的道德人格，德育评价应当聚焦于高职学生主体性道德人格的实现与否。这能够通过解构主体性道德人格的要素，即受教育主体的道德认知、道德行为、道德情感所呈现。道德认知需要教授，道德情感需要感化，道德行为需要引导，三者之中，道德认知与道德行为是相对直观的评价标准。例如，道德认知可以采用考查知识点的方式进行评价，道德行为是道德的外显，实质是道德习惯的养成，是评价的直观依据。正如叶圣陶先生所说，教育简单而言，正是为了养成良好习惯。道德情感则是更为内隐的存在，受教育主体不表现出自身情感或者外部表现与情感存在矛盾都是较为普遍的情形，对于知行并不统一的高职学生而言更是如此。微时代，沉默的螺旋、信息茧房等挑战也容易遮蔽受教育主体真实情感的表达。德育评价应结合三者特点，进行层次上的区分：首先要关注道德认知的建立，其次要评估道德情感的养成，最终要考察道德行为是否规范。

第二，评价过程的阶段性。高职学生的学习可以分为多个阶段，依据空间标准，分为在校期间、顶岗实习等阶段；依据教育内容与形式，分为理论教育、体验式教育等阶段。对不同阶段的受教育主体采用不同的评价内容、标准及方式进行阶段性评价，将有效缓解德育效果滞后性的问题。

7.3.1 评价的主体：自我评价与他人评价

1. 自我评价

自我评价是指受教育主体对自身思想、行为、个性的认知、判断与评价，既包括对自身能力的判断，也包含对自己德行或价值的感受，其本质是自我管理与自我监控。德育需要自我评价，这是高职学生自我教育的应有之义和必然归宿。在心理学领域，Judge、Locke、Durham 提出核心自我评价的概念，是指个体对自我能力和价值所持有的最基本的评价和估计，核心自我评价由自尊、一般自我效能感、神经质、控制点组成[①]，影响着各个具体领域的自我评价。

自我评价用哲学语言描述即为个体自己成为自己的认识对象。简言之，自我既是主体也是客体，自我认识、自省能力、现实需要共同构成了自我评价的触发条件，自我评价的关键是受教育主体应当具有自省的能力。美国管理学家彼得·圣吉认为，在同一结构中，不同的人也会做出性质类似的表现，当问题出现或者绩效不如人意时，人们总是愿意寻找某人或某事来加以责怪。然而，系统的危机往往是由于其自身引起的，而不是由于外力、某些力或某些个人的错误，这种情况比人们想象得要更普遍。[②] 因此，高职学生应当具有自省的能力与意愿，这能够提升自我评价的真实性、准确性。

2. 他人评价

他人是德育重要的评价主体。人具有社会性，主体对自身的认识是在社会实践中形成的，其社会活动是在与不同主体的交往过程中完成的，主体性是在与他人的相互作用中实现的，任何人都不可能脱离他人独立存在。正如美国社会学家查尔斯·霍顿·库利在《人类本性与社会秩序》一书中提出的"镜中我"的概念：主体需要通过他人这面镜子的映射形成自我概念，即，人们对自我的认识，需要依靠他人的话语和行为来完成。这种"镜中我"在高职院校最为重要的表现是教育主体评价与朋辈之间的相互评价。

（1）教育主体评价

教育主体是高职院校传统的德育评价主体。在将学生视为教育客体的观念里，教育主体甚至成了高职院校的唯一评价主体。因此，对于德育评价的研究在相当长的时期内集中于标准、内容、体系的探讨，评价主体成了"应然"的评价要素而被忽略。微时代高职院校主体性德育模式的建构中，

---

① 黎建斌、聂衍刚：《核心自我评价研究的反思与展望》，《心理科学进展》2010年第12期。
② ［美］彼得·圣吉著，张成林译，《第五项修炼：学习型组织的艺术与实践》，中信出版社，2009年，第44页。

教育主体作为引导者，应当把握学生的道德水平，有针对性地进行道德教育与引导；应当收集德育模式反馈并进行适当调整。同时，单纯强调教育主体的评价既无法形成师生之间的民主、平等、互动关系，也无法促成学生主体性道德人格的形成。因此，高职院校教育主体的评价在微时代虽然不可或缺，但在观念上应当注重去中心化。

（2）朋辈评价

微时代高职院校主体性德育模式注重朋辈评价。高职学生对朋辈组成的群体具有强烈的参与意识与高度的信赖感，在群体中能够展开合作学习，完善知识建构，成为数字化学习的积极参与者、合作者、创造者，而不仅是知识的消费者，这种参与性符合微时代高职学生的主体性需求。朋辈群体之间的日常交往与沟通频率是教育主体无法替代的，在朋辈面前，受教育主体的表现更为真实，因此朋辈评价具有客观性、及时性特征。密切与信任的关系是朋辈作为评价主体的重要依据，朋辈之间的评价往往更加坦率、直接，因此朋辈评价具有直接性、针对性、可接受性的特征。群体的相处方式决定了朋辈能够随时观察受教育主体的行为，适时做出评价，因此朋辈评价具有针对性、便捷性的特征。越及时的评价其反馈效果越明显。正是由于朋辈评价的这些特征，朋辈成了日益重要的评价主体。

7.3.2 评价的标准：道德水平的提升

对于高职学生道德水平的评价即品德评价应当聚焦于学生主体性提升的程度，即主体性道德人格的"进步"程度。这种重视过程、重视主体纵向道德发展水平的评价方式符合高职学生来源多样、层次多重的特征，符合德育评价"私人定制"的需求，也符合高职教育的客观规律。

以学生主体性道德水平的提升程度为标准是过程评价的应有之义。即，将学生入学之前的品德水平作为起点，与德育模式实施之后学生的品德水平相对比，方能得出学生道德水平的提升程度。

例如，将学生的品德水平划分为1-5五个等级，对A、B两名同学分别采用两种不同的德育模式进行教育之后，A、B两人的品德水平均被界定为第 4 等级，能够推导出两种德育模式具有相同德育效果的结论吗？显然，条件并不充分。比如，A 同学之前的品德水平为 3，B 同学为 1，排除其他客观因素，B 的品德水平的提升幅度较 A 更大，得出的评价结论应为：对 B 同学采用的德育模式更为有效。

7.3.3 评价的方式：创设道德情境

高职院校除了在德育课程中对政治理论知识采用考试评价之外，当前还多采用与普通高校相同的综合素质测评的方法对学生进行道德评价，这是将学生日常行为纳入德育评价的重要方式。综合素质测评与国外高校采用的"学生成长记录袋评价"较为类似，是指将每名学生在学习过程中的成就，取得的进步以及反映学习成果的相关信息进行整合，以此作为学生道德评价最真实的证据。

作为客观评价方式的高职学生综合素质测评符合微时代特征，符合高职学生特点，符合高职德育的特殊规律。然而由于学生"综合素质"范围的广泛性，迄今为止的高职院校德育实践中，仍缺少能够穷尽学生道德认知、道德情感、道德行为的评价体系。因此，综合素质测评与其他评价方式如道德情境的创设结合使用，能够更为客观、全面地评价学生的道德水平，从而能够更加精确地衡量德育的实效性。道德情境的创设包括模拟情境的创设与真实情境的创设：

1. 模拟情境的创设

柯尔柏格在对"两难"问题进行大量实证研究的基础之上提出：道德两难的问题一旦涉及自身的实际情形，主体便很难主动进行高层次的道德判断，而是依据自身需要，以低层次的标准进行道德思考与道德行为。可见，纯粹的道德律令问题的回答并不能完全客观、公正地反映学生的道德水平；相反，受教育主体基于"对情境事实的描述"进行的回答更具有真实性，更加符合高职学生擅长感性思维的特性。因此，德育评价需要采用情景模拟的方式进行，创设道德选择的情境让学生"身临其境"地进行判断。如：

案例 1：小 A 同学入校之前练过 3 年的散打，身体十分强壮，他常常以此为资本挑衅其他同学，在校内打架多次，虽然后果不甚严重，但在同学中产生恶劣影响。小 A 以此为荣，认为自己很帅很有派。

案例 2：学生小 B 对于网络十分痴迷，虽然家住北京，周末也基本在学校住宿，很少回家，常常彻夜刷朋友圈、打电脑游戏，跟父母几乎没有交流。常常因为父母劝阻其上网或者不给钱购买游戏装备大吵大闹，与家人关系十分紧张。

案例 3：小 C 由于烟瘾较大，常常向同学借钱买烟，通常都有借无还，借得多了，周围同学都不借给他了。为了能够买烟，他开始以家人生病住院为由向同学借钱。小 C 感觉到这样不对，但却无法停止自身行为。

以上的案例涉及高职院校学生面临的典型道德问题：

案例 1 中，小 A 道德认知模糊。对于小 A 而言，不知美丑、缺乏正确的道德认知是问题的关键。

小 B 在案例 2 中的表现属于典型的道德情感问题。他投身于网络游戏、微平台等虚拟世界，对家人、朋友情感淡漠。这反映了相当一部分高职学生与家庭的紧张关系。他们不知道如何与父母相处，如何表达与释放情感。

案例 3 中的小 C 存在道德认知与道德行为相背离，即知行合一的问题。他在明知自己行为不符合道德标准的情况下，仍然刻意实施，是典型的知行不一。对于高职院校的学生而言，这种情况尤为普遍，高职学生的自控能力薄弱，常常容易出现道德失范的情形。

模拟情境需要高职学生亲身体验并回答三个问题：第一，你认为这是道德（或不道德）的吗？第二，你的感受是怎样的？第三，如果是你，你会怎样做？这三个问题分别从道德认知、道德情感、道德行为的角度界定学生的道德品质。

在微时代，模拟的道德情境的创设能够延伸到虚拟平台之上，这是道德情境的微平台化。教育主体可以通过微平台、微视频发布模拟情境的测试，通过学生的选择与判断对学生的品德水平进行评价，如"摔倒老人该不该扶"的道德讨论就是从一些官方微博发起的投票开始的。微时代，教育主体应当结合时代特性、微平台特点、高职学生的学习与认知规律，创设模拟情境进行德育评价，如受教育主体是否敢于制止微博、微信上的谣言，是否能够对于热点事件进行正确的分析，是否能够传递正能量等表现，均能够作为德育评价的重要判断标准。

2. 真实情境的创设

对于高职学生而言，模拟情境能够让其感同身受，真实情境则能使其获得切身体验，这种"体验性"既是高职教育的重要特性，也是德育评价的重要方式。

学生的道德行为作为道德品质的外显是相对容易判断与记录的，也是道德评价的重点。柯尔伯格认为，一个处于道德发展较高阶段的人，不仅能够较好地思维，而且能根据其判断行动。道德认知与道德情感则是内隐的，难以量化，这需要评价主体在进行德育评价时关注两个方面的问题：一方面，真实情境中德育评价的基础在于道德认知、道德情感、道德行为的完整记录；另一方面，德育评价需要评价主体具有敏锐的观察力、判断力，能够通过学生的细微表现予以正确评价及反馈。

例如，结合高职教育的特点，教育主体可以创设学生在职业岗位上的志愿服务情境。以财经类高职学生到银行进行志愿服务为例：在银行大堂实习的学生，能否为客户提供服务是道德行为的体现，能否主动热情地帮助客户是道德情感的体现；能否准确、简洁回答客户问题或者应对突发事件是道德认知的体现。教育主体应当仔细记录、辨别，以便对每一名高职学生予以客观、公正的道德评价。

德育评价将德育模式的运行效果反馈至教育主体，教育主体据此对模式的要素或运行做出调整，并重新运用于高职院校的德育实践，这形成了德育模式螺旋式上升发展的过程。作为理论与实践的联结，德育模式能够不断创新，深入理论探索与德育实践，完成自我的"进化"，这正是微时代所需要的。在这个创新与进步的时代中，唯一不变的只有对主体的关注及对主体需求的满足，这是高职院校主体性德育模式构建的深厚背景，是对高职学生主体性欠缺及其对主体性迫切需求的回应。

参考文献

（一）习近平总书记著作、讲话

[1] 习近平总书记重要讲话文章选编 [M]. 北京：中央文献出版社，党建读物出版社，2016.

[2] 习近平谈治国理政 [M]. 北京：外文出版社，2014.

[3] 习近平．之江新语 [M]. 杭州：浙江人民出版社，2007.

[4] 习近平就加快发展职业教育做出重要指示 [N]. 人民日报，2014-6-24.

（二）著作

[1] 马克思恩格斯选集 [M]. 北京：人民出版社，2012.

[2] 列宁选集 [M]. 北京：人民出版社，2012.

[3] 毛泽东选集 [M]. 北京：人民出版社，1991.

[4] 邓小平文选 [M]. 北京：人民出版社，1994.

[5] 中共中央组织部党员教育中心组织编写．兴国之魂——社会主义核心价值观五讲 [M]. 北京：人民出版社，2013.

[6] 居延安．信息·沟通·传播 [M]. 上海：上海人民出版社，1986.

[7] 韦政通．伦理思想的突破 [M]. 合肥：安徽人民出版社，1988.

[8] 罗国杰．伦理学 [M]. 北京：人民出版社，1989.

[9] 丁证霖等．当代西方教学模式 [M]. 太原：山西教育出版社，1991.

[10] 李彬. 传播学引论 [M]. 北京：新华出版社，1993.

[11] 戚万学. 冲突与整合 [M]. 济南：山东教育出版社，1995.

[12] 何怀宏. 底线伦理 [M]. 沈阳：辽宁人民出版社，1998.

[13] 黄向阳. 德育原理 [M]. 上海：华东师范大学出版社，2000.

[14] 黄松鹤. 道德教育过程模式论 [M]. 北京：华龄出版社，2000.

[15] 谢海光. 互联网与思想政治工作案例 [M]. 上海：复旦大学出版社，2001.

[16] 刘惊铎. 道德体验论 [M]. 北京：人民教育出版社，2003.

[17] 杨东平. 艰难的日出——中国现代教育的 20 世纪 [M]. 上海：文汇出版社，2003.

[18] 汪凤炎等. 德化的生活 [M]. 北京：人民出版社，2005.

[19] 张明仓. 虚拟实践论 [M]. 昆明：云南人民出版社，2005.

[20] 陈善卿，张炳生，辛国俊. 生活德育论 [M]. 长春：东北师范大学出版社，2005.

[21] 檀传宝. 让德育成为美丽的风景 [M]. 合肥：安徽教育出版社，2006.

[22] 张耀灿，郑永廷等. 现代思想政治教育学 [M]. 北京：人民出版社，2006.

[23] 林崇德. 普通心理学 [M]. 北京：北京师范大学出版社，2007.

[24] 易连云主编. 德育原理 [M]. 武汉：武汉大学出版社，2010.

[25] 冯友兰. 生活方法新论——新世训 [M]. 北京：北京大学出版社，2011.

[26] 范树成. 当代学校德育范式转换与走向研究 [M]. 北京：人民出版社，2011.

[27] 吴俊升. 德育原理 [M]. 福州：福建教育出版社，2011.

[28] 江潭瑜，徐海波. 高校大德育——育人模式的探索与创新研究 [M]. 北京：人民出版社，2011.

[29] 喻国明，欧亚，张佰明，王斌著. 微博：一种新传播形态的考察——

影响力模型和社会性应用 [M]. 北京：人民日报出版社，2011.

[30] 朱小蔓. 关注心灵成长的教育——道德与情感教育的哲思 [M]. 北京：北京师范大学出版社，2012.

[31] 郑元景. 虚拟生存研究 [M]. 北京：社会科学文献出版社，2012.

[32] 班华主编. 现代德育论 [M]. 合肥：安徽人民出版社，2014.

[33] ［荷兰］斯宾诺沙著，贺麟译. 伦理学 [M]. 北京：商务印书馆，1983.

[34] ［美］马斯洛著，许余和译. 动机与人格 [M]. 北京：华夏出版社，1987.

[35] ［美］里奇拉克著，许泽民，罗选民译. 发现自由与个人责任 [M]. 贵阳：贵州人民出版社，1994.

[36] ［美］阿尔温·托夫勒，海蒂·托夫勒著，陈峰译. 创造一个崭新的文明——第三次浪潮的政治 [M]. 上海：三联书店出版社，1996.

[37] ［美］杜威著，孙有中等译. 新旧个人主义——杜威文选 [M]. 上海：上海社会科学出版社，1997.

[38] ［英］亚当·斯密著，蒋自强等译. 道德情操论 [M]. 北京：商务印书馆，1998.

[39] ［德］尤根·哈贝马斯著，曹卫东等译. 公共领域的结构转型 [M]. 上海：学林出版社，1999.

[40] ［加］马歇尔·麦克卢汉著，何道宽译. 理解媒介——论人的延伸 [M]. 北京：商务印书馆，2000.

[41] ［美］塞缪尔·亨廷顿著，周琪等译. 文明的冲突与世界秩序的重建 [M]. 北京：新华出版社，2002.

[42] ［德］康德著，苗力田译. 道德形而上学原理 [M]. 上海：上海人民出版社，2005.

[43] ［英］迈克·费瑟斯通著，杨渝东译. 消解文化——全球化、后现代主义与认同 [M]. 北京：北京大学出版社，2009.

[44] ［美］彼得·圣吉著，张成林译. 第五项修炼：学习型组织的艺术

与实践 [M]. 北京：中信出版社，2009.

[45]［美］史蒂芬·柯维著，李莉，石继志译. 第 3 选择：解决所有难题的关键思维 [M]. 北京：中信出版社，2013.

[46] 财新传媒著. 李开复归来 [M]. 北京：中信出版社，2015.

[47] Emile Durkheim, Moral Education. New York : Free Press. 1961.

[48] Wilson, J. , Williams, N. & Sugarman, B. , An Introduction to Moral Education. London: Penguin. 1968.

[49] Lawrence Kohlberg, The Philosophy of Moral Development. San Fracisco: Harper&Row. 1981.

[50] Kolb, D. A. , Experiential learning:experienceas the source of learning and development. New Jersey:Prentice Hall. 1984.

[51] Barry Chazan, Contemporary Approaches to Moral Education. New York:Teachers College Press. 1985.

（三）期刊论文

[1] 袁贵仁. 主体性原则与马克思主义哲学 [J]. 人文杂志，1993（1）.

[2] 余秀兰. 谈高校德育的功能 [J]. 上海高教研究，1996（2）.

[3] 戚万学. 活动道德教育模式的理论构想 [J]. 教育研究，1999（6）.

[4] 金志云. 自我教育: 方法与模式的探讨 [J]. 扬州大学学报，2000（1）.

[5] 周晓虹. 文化反哺: 变迁社会中的亲子传承 [J]. 社会学研究，2000（2）.

[6] 袁锐愕. 西方著名德育思想家的德育模式探讨 [J]. 学术研究，2000（5）.

[7] 刘波. 主体性德育模式初探 [J]. 江苏高教，2001（1）.

[8] 万俊人. 重叙美德故事 [J]. 读书，2001（3）.

[9] 刘黔敏. 美国德育模式探析 [J]. 四川行政学院学报，2001（4）.

[10] 万美容. 论主体道德教育模式的基本特征 [J]. 党建，2001（10）.

[11] 聂荣鑫. 走向对话：一种新的德育模式 [J]. 思想·理论·教育，2002（2）.

[12] 丁东宇.试析国内德育模式构建中的理论倾向 [J].黑龙江社会科学，2002（2）.

[13] 梁建世，黄斌.构建"激励参与"德育模式 [J].教育导刊，2002（7）.

[14] 梁美凤.构建德育模式的几个理论问题 [J].福建教育学院学报，2002（10）.

[15] 杨柳.高职院校校本德育建设的思考 [J].中国高教研究，2002（12）.

[16] 俞建文.主体德育模式及其实现形式 [J].中国职业技术教育，2003（1）.

[17] 甘剑梅.近十年来我国德育模式研究述评——兼论我国德育模式研究的几个问题 [J].江苏教育学院学报（社会科学版），2003（4）.

[18] 陈万柏.论思想政治教育载体的内涵和特征 [J].江汉论坛，2003（7）.

[19] 徐兰宾.论主体道德教育模式的基本原则 [J].江西社会科学，2003（8）.

[20] 刘铁芳.试论对话性道德教育模式的建构 [J].高等师范教育研究，2003（9）.

[21] 班华.学会关心——一种重在道德学习的德育模式 [J].教育研究，2003（12）.

[22] 班华，薛晓阳.新时期我国德育模式研究的理论特征 [J].北京大学教育评论，2004（1）.

[23] 彭兴富.论学校生活化德育模式的构建 [J].求索，2004（2）.

[24] 罗家英."人化——审美"：网络影响下高校德育新模式 [J].信息技术教育，2004（9）.

[25] 程建平.德育模式论 [J].黑龙江社会科学，2005（5）.

[26] 朱冬英.从"理论灌输"到"实践参与"——高职德育模式的转换 [J].江苏高教，2005（6）.

[27] 孙宝云.我国高校德育模式分析 [J].高教探索，2005（6）.

[28] 聂利明.构建富有高职特色德育模式的几点思考 [J].职业教育研究，2005（12）.

[29] 曾骊. 对高职德育实效性的思考 [J]. 职教论坛，2005（17）.

[30] 文艺文. 论大学德育生活化模式 [J]. 道德与文明，2006（1）.

[31] 季爱民. 我国德育模式研究的现状与趋势 [J]. 武汉大学学报（人文科学版），2006（1）.

[32] 席彩云. 隐性德育对高校德育改革的拓展 [J]. 学校党建与思想教育，2006（1）.

[33] 刘慧. 论德育的生命叙事模式 [J]. 中国德育，2006（4）.

[34] 陈忠良，李四华，李百西. 新时期高职院校德育模式的创新与探讨 [J]. 职业技术教育，2006（17）.

[35] 查广云. 高职"效能德育"模式初探 [J]. 教育与职业，2006（20）.

[36] 王卫东，刘许亮. "生产育人"是完善高职德育体系的新理念 [J]. 教育与职业，2006（21）.

[37] 赵爱芹. 高职德育模式的新探索——价值澄清法 [J]. 职教论坛，2006（22）.

[38] 梁涛. 青少年网络阅读的负效应及对策 [J]. 中国青年研究，2007（6）.

[39] 王健. 道德社会化视野下的高职院校德育问题及对策 [J]. 职业教育研究，2007（8）.

[40] 孙拥军. 转型期青年价值观的四重困惑 [J]. 人民论坛，2007（9）.

[41] 陈忠林. 以就业为导向构建高职德育新模式 [J]. 教育与职业，2007（12）.

[42] 季海菊. 多元化背景下现代教育价值取向的哲学思考 [J]. 南京社会科学，2007，（12）.

[43] 宁波，陈建华. 灌输的含义及其在道德教育中的意义 [J]. 外国中小学教育，2007，（12）.

[44] 肖积生，陈群辉. 新时期高职院校德育工作思路 [J]. 职业技术教育，2008（2）.

[45] 戴春平. 论高职院校普遍采用的德育模式及其重构 [J]. 高教论坛，2008（3）.

[46] 曹开秋,姜雯馨.对话教学的迷失与出路 [J].教育学术月刊,2008（11）.

[47] 徐隽.从问题视角看高职德育 [J].职业技术教育,2008（17）.

[48] 杨国富,代祖良,李耀平.充分发挥校企合作优势,拓宽德育工作途径 [J].高等职业教育,2009（6）.

[49] 董同彬.大德育:高职德育研究的新维度 [J].消费导刊,2009(8).

[50] 宋晔.德育模式与德育价值 [J].河南师范大学学报(哲学社会科学版）,2009（9）.

[51] 陈娅.数字校园环境下高职院校德育新模式的构建研究 [J].中国职业技术教育,2009（12）.

[52] 邹伟建.以职业素质培养为核心构建高职德育新模式 [J].中国成人教育,2009（14）.

[53] 车美娟.从哲学视角看高职德育与智育工作的共同发展 [J].教育与职业,2009（27）.

[54] 冯光.把握特点开发隐性德育:增强高职德育实效性的现实途径 [J].教育与职业,2009（35）.

[55] 胡泳.微革命:从推特到新浪微博 [J].新周刊,2010（1）.

[56] 郝军燕,唐成和.高职院校德育课程改革的实践与思考 [J].教育与职业,2010（3）.

[57] 林群.理性面对传播的"微时代"[J].思想政治工作研究,2010(3).

[58] 周琪.微时代下社会群体思想行为特点透视 [J].思想政治工作研究,2010（4）.

[59] 阚道远.微博兴起视野下的思想政治教育工作 [J].思想政治工作研究,2010（4）.

[60] 杨威."微时代"中思想政治工作如何突破 [J].思想政治工作研究,2010（4）.

[61] 孙武令,段炜,孙童.高职院校基于情感教育的德育模式的构建 [J].中国成人教育,2010（14）.

[62] 苗炜. 碎片时代的生存准则 [J]. 三联生活周刊, 2010 (34).

[63] 王竹立. 新建构主义. 网络时代的学习理论 [J]. 远程教育杂志, 2011 (2).

[64] 杨兴华. 高职院校人本德育教学管理模式的建构 [J]. 学校党建与思想教育, 2011 (4).

[65] 吴小英. 微时代视阈中高校网络德育困境及对策 [J]. 学校党建与思想教育, 2011 (4).

[66] 徐冉. "碎" 眼看 "聚" ——以微博为例看碎片化背景下的群体重聚 [J]. 新闻世界, 2011 (8).

[67] 胡凯. 话语狂欢下微博热的冷思考 [J]. 新闻爱好者, 2011 (10).

[68] 邹美蓉. 从高职德育的现状论德育工作模式创新 [J]. 教育与职业, 2011 (15).

[69] 胡孝四. 论基于校企合作和生活德育的高职德育模式创新 [J]. 教育与职业, 2011 (27).

[70] 刘翠英. 高职院校德育模式的思考与探究 [J]. 学校党建与思想教育, 2011 (35).

[71] 鲁昕. 加快建设中国特色、世界水准的现代职业教育体系 服务国家发展方式转变和现代产业体系建设 [J]. 管理观察, 2012 (1).

[72] 陈晓钢. 中华民族文化元典与大学生价值观培养 [J]. 重庆大学学报(社会科学版), 2012 (3).

[73] 吴晓燕. 微时代如何转 "危" 为 "机" [J]. 成功营销, 2012 (4).

[74] 周廷勇. 从 "威权舆论" 到 "权威舆论" —— "微时代" 主流舆论的解构与重振 [J]. 重庆工商大学学报(社会科学版), 2012 (6).

[75] 马思捷,宋健. 微博 "围" 了一个网——新型 "微博人际关系" 分析 [J]. 新媒体, 2012 (7).

[76] 万美容,曾兰. "90后" 大学生思想行为特点及其引导策略 [J]. 学校党建与思想教育, 2012 (8).

[77] 齐冬梅. "微时代" 挑战领导干部素质能力 [J]. 杭州(生活品质版),

2012（10）.

[78] 殷俊,喻婷.“微时代”下市民生活习俗的变迁［J］.江西社会科学, 2012（12）.

[79] 徐亚卿.微时代下泛娱乐化的思考和对策［J］.现代企业教育,2012 （20）.

[80] 何雨.基于“自反性治理”的微时代网络监督［J］.上海城市管理, 2013（1）.

[81] 王丹.论“微时代”亚文化对大学生的负面影响——以人人网为 例［J］.东南传播,2012（3）.

[82] 周湘智.微时代谣言传播：特质、危害与治理［J］.求索,2012（9）.

[83] 沈杰.高职院校学生主体性德育模式实施途径探索——以北京工 业职业技术学院为例［J］.北京教育（德育版）,2012（11）.

[84] 马小龙,杜艳红.微时代下新解“沉默的螺旋”——以选秀节目《中 国好声音》为例［J］.中国报业,2012（11）.

[85] 陈鸿鹏.企业文化融入高职德育：企业的视角［J］.中国德育,2012 （22）.

[86] 盖琪.微时代中国青年亚文化的视觉书写［J］.文化研究,2013.

[87] 李苗苗.论微时代的企业危机传播管理［J］.中国报业,2013（1）.

[88] 王燕芳,康遍霞,张昕之,赵一波,顾颖能,徐侨妹.微时代“90 后”大学生的微生活现状微探［J］.高校辅导员,2013（1）.

[89] 庄美燕.“微时代”环境下大学生理想信念教育面临的机遇和挑战 ［J］.科教导刊,2013（1）.

[90] 龚克.立德树人、素质教育与内涵式发展［J］.中国高等教育,2013 （2）.

[91] 瞿振元.高等教育内涵式发展的实现途径［J］.中国高等教育,2013 （2）.

[92] 胡明.微时代下的银行危机公关［J］.金融管理与研究,2013（2）.

[93] 王文礼.MOOC的发展及其对高等教育的影响［J］.教学研究,2013

（2）.

[94] 陈勇，陈蕾，陈旻. 立德树人：当代大学生思想政治教育的根本任务 [J]. 思想理论教育导刊，2013（4）.

[95] 谭建平，李琳. 论大学生价值养成与德育模式创新 [J]. 湖南社会科学，2013（4）.

[96] 沈培辉. "微时代"下大学生思想政治教育工作研究——基于传播学视角的思考 [J]. 高校辅导员学刊，2013（4）.

[97] 俞扬. "微时代"下基层党建工作创新刍议 [J]. 浙江师范大学学报（社会科学版），2013（4）.

[98] 刘铁英. 微时代高校大学生基层党组织生活的探索与思考 [J]. 高校辅导员，2013（5）.

[99] 王丽莎. 从微时代看毛泽东的民主思想 [J]. 重庆科技学院学报（社会科学版），2013（5）.

[100] 胡飒. 微时代视阈下高校社会主义核心价值体系的传播 [J]. 湖南科技大学学报（社会科学版），2013（6）.

[101] 彭新立. 校企合作环境下高职德育模式研究 [J]. 教育与职业. 2013（6）.

[102] 包莉秋. 论微时代下社会审美诉求的冲突与调适 [J]. 求索，2013（7）.

[103] 朱琪. "微时代"的大学生思想政治教育工作探析 [J]. 大学教育，2013（9）.

[104] 王道荣. 走向心灵的高职德育：积极人格教育模式的建构研究 [J]. 职业教育研究，2013（10）.

[105] 徐倩. 慕课能否撼动课堂 [J]. 上海教育，2013（10）.

[106] 梁亚宁. 对高职院校德育工作的思考 [J]. 教育与职业，2013（11）.

[107] 刘巍. 德育模式研究综述 [J]. 新课程研究，2013（12）.

[108] 郑玉萍. 浅谈高校图书馆如何应对"微时代"对大学生阅读的影响 [J]. 科技信息，2013（15）.

[109] 刘峻杉.从宏观倡导到微观践行[J].中国德育,2013（20）.

[110] 杨飞云,刘济良.架设德育与核心价值观培育的桥梁[J].中国德育,2013（20）.

[111] 宋桂英.倡导德育工作"三融合"[J].中国德育,2013（22）.

[112] 徐亚卿.浅谈微时代下的正能量传递[J].现代企业教育,2013(22).

[113] 姚福清,辛东亮."微时代"高校德育工作面临的机遇、挑战与对策分析[J].中国电力教育,2013（25）.

[114] 周琪,罗川."微时代"下大学生价值观教育面临的挑战及应对[J].思想教育研究,2014（1）.

[115] 薛晓阳.公民德育的政策依靠及其可能性——关于我国公民教育在德育政策领域的实证分析[J].中国教育学刊,2014（1）.

[116] 张吉,赵兴国.生活德育模式理论研究述评[J].法制与社会,2014（1）.

[117] 檀传宝.美学是未来的教育学[J].中国德育,2014（2）.

[118] 付用兰.微时代影响大学生核心价值观形成的机制及对策研究[J].理论建设,2014（2）.

[119] 张鸿燕,王培培.韩国道德教育现代化进程的文化透析[J].教育探索,2014（2）.

[120] 邵文英.试论情境德育模式的构建[J].河北师范大学学报（哲学社会科学版）,2014（2）.

[121] 刘晓云.基于微时代视角的微式危机管理研究[J].中国软科学,2014（3）.

[122] 沈革武.基于维度整合模式的高校德育"生态链"创新思考[J].教育与职业,2014（3）.

[123] 于天红,刘连梅.论高校隐性德育课程[J].教育与职业,2014(3).

[124] 吴林龙,王立仁.论德育实效测评的困境与出路[J].学校党建与思想教育,2014（3）.

[125] 杨恩泽.手机文化对高校德育工作的影响及其对策[J].学术交流,

2014（3）.

[126] 徐世甫. 微时代下高校德育主体间性理念重构研究 [J]. 江苏高教, 2014（4）.

[127] 满园春. 高校德育评价模式构建初探 [J]. 吉林省教育学院学报, 2014（4）.

[128] 扈雅璐. 微时代背景下我国微博文学的生产与消费 [J]. 吉林省教育学院学报（中旬）, 2014（4）.

[129] 黄峰. 论高校德育的柔性管理 [J]. 教育评论, 2014（5）.

[130] 范树成. 我国当代德育模式的回望与前瞻 [J]. 中国德育, 2014(5).

[131] 吴安春. 校本德育模式在多维中展现魅力 [J]. 中国德育, 2014(5).

[132] 刘惊铎. 由多样性模式而来的德育新格局 [J]. 中国德育, 2014(5).

[133] 郑飚. 让德育贴近学生的生活 [J]. 中国德育, 2014（5）.

[134] 齐欣. 欲落地, 须把理念变模式 [J]. 中国德育, 2014（5）.

[135] 李利华, 吴新玲. 微时代老化品牌的微营销策略分析 [J]. 现代商业, 2014（5）.

[136] 胡玮, 马静. "微时代"对大学生价值观教育的负面影响及对策研究 [J]. 哈尔滨学院学报, 2014（5）.

[137] 周菊芳. 走出价值观教育的误区 [J]. 中国教育学刊, 2014(6).

[138] 殷向阳. 浅谈"微时代"中思想政治工作的突破 [J]. 才智, 2014(6).

[139] 付用兰. 微时代高校辅导员开展大学生核心价值观教育路径探析 [J]. 教育与教学研究, 2014（6）.

[140] 李欣. 多元智能视角下的高职德育创新研究 [J]. 中国教育学刊, 2014（7）.

[141] 刘兵勇, 齐宁, 王雅静. 高校辅导员与专业课教师思想政治教育协同配合的蕴涵、价值与模式 [J]. 思想理论教育, 2014（7）.

[142] 陈国强. 基于校企合作的高职院校企业德育导师制构建 [J]. 学校党建与思想教育, 2014（8）.

[143] 蒋燕. 高职院校实践育人环节四位一体德育模式探索 [J]. 学校党

建与思想教育，2014（10）.

[144] 祁伟，王洋．中国特色大学德育模式的建构 [J]．教育与职业，2014（11）.

[145] 张丹丹．中美德育比较与借鉴 [J]．课程教育研究，2014（11）.

[146] 徐远火，任世强．发挥革命传统文化的育人价值 [J]．中国德育，2014（14）.

[147] 陶鹏．大数据与微时代：虚拟社会公共服务体系的双重构建 [J]．重庆邮电大学学报（社会科学版），2015（2）.

[148] 张亚军."微时代"高校思政教育的困境及应对措施 [J]．新闻战线，2015（4）.

[149] 梁家峰，张洁，杨克．以仪式教育促进高职学生价值观的养成 [J]．北京教育（德育版），2015（12）.

[150] 梁家峰，张洁．供给侧改革背景下高职教育新视角 [J]．中国高等教育，2016（10）.

[151] 贾兵．网络微动画题材与形式研究 [D]．东北师范大学，2013.

[152] 张雪琴．微博的思想政治教育功能研究 [D]．陕西师范大学，2013.

[153] John Wilson."Education and Indoctrination",In Aims of Education. 1969.

[154] Kohlberg, L.&Turiel, E.. "Moral development and moral education". In Psychology and Education Practice. 1971.

[155] H. Rorvik."Content and Form in Kohlberg's Theory of Moral Development". In Scandinavian Journal of Educational Research XXIV,3. 1980.

[156] Power,C.,Kohlberg,L.. "Using a Hidden Curriculum for Moral Education".In the Education Digest. 1987.

[157] Schaufeli, W.B., Martinez, I.M., Pinto, A.M., Salanova, M., &Bakke,A.B.."Burnout and engagement in university Students:A cross-national study".In Journal of Cross-Cultural Psychology, 33. 2002.

（四）报刊文章

[1] 胡锦涛. 坚定不移沿着中国特色社会主义道路前进 为全面建成小康社会而奋斗——在中国共产党第十八次全国代表大会上的报告 [N]. 人民日报，2012-11-18.

[2] 关于培育和践行社会主义核心价值观的意见 [N]. 人民日报，2013-12-24.

[3] 谢越. 问题意识是推动工作的必然要求 [N]. 人民日报，2012-05-29.

[4] 李文汇. "微时代"核心价值观培育与践行路径 [N]. 光明日报，2014-04-23.

[5] 杨业华. 把培育和践行社会主义核心价值观融入大学生思想政治教育全过程 [N]. 光明日报，2014-01-15.

[6] 李连富. "微时代"来临之后 [N]. 中国教育报，2013-02-25.

[7] 张民堂. 以效能为先，创新高职思政教育实效 [N]. 中国教育报，2009-08-31.

[8] 宋德民. 坚定不移深化教育领域综合改革 [N]. 中国教育报，2012-12-12.

[9] 黄尧. 构建现代职教体系须着力研究六大问题 [N]. 中国教育报，2012-11-07.

[10] 社会主义核心价值观具有鲜明的时代意义 [N]. 南方日报，2014-02-13.

[11] 邱瑞贤. 微博元年中国式爆炸增长启示录 [N]. 广州日报，2010-08-05.

后记
Postscript

　　微时代并非德育的社会价值向主体价值转向的起点，然而其对主体的关切是任何时代所无法比拟的。对于高职院校德育而言，微时代是环境，通过对社会、政治、经济、道德的影响改变着德育环境，改变着德育本身；它是工具，运用微博、微信、微视频、微电影、微课……各种微平台、微手段，使得社交、学习、展示更为便捷与高效；它是挑战，高职学生的主体性欠缺在信息爆炸、多元思潮的冲击中表现得更为明显；它更是机遇，自由、平等、民主在微时代更受推崇，互动的沟通、扁平的交流激发了民众的主体性。自觉选择、主动参与、自由思考……微时代营造的是主体地位平等、主体意识被尊重与包容的氛围，自媒体、去中心化、"草根的奇迹"已经远非看上去很美，而是通过移动互联技术让每个人都"触手可及"。

　　理想化的主体性德育模式能够利用机遇，应对挑战，引导学生进行独立、自觉的道德认知，赋予学生丰富的道德情感，促进学生道德创造力的提升；能够用理论指导实践，用实践丰富理论，促成理论与实践的联结，实现主体性德育模式自身的不断调整与创新。然而，在高职院校，要实现德育的理论与实践的良性互动，远非如此简单与"理想"。

　　"一个民族想要站在科学的最高峰，就一刻不能没有理论思维。"恩格斯在《自然辩证法》中的论述证明了理论指导实践的重要性。对于高职院校而言，德育的理论研究与教育目标并不矛盾。"培养非研究型的高素质劳动者和技术技能人才就可以舍弃或者忽视理论研究"，这是对工作方法与教育方式的误读。相反，只有建设学习型组织，开展研究型工作，才能设计符合微时代需求、符合高职学生特征、符合高职教育发展规律的教育方式。

　　高职院校的德育面临着缺少理论研究的尴尬：笔者在撰文过程中发现高职德育的相关文章缺乏理论基础的积淀，理论研究中必不可少的文献综述与研究综述类文章更为稀缺。教育方式的"体验性"似乎已经阻碍了工作研究的深度与广度。缺少理论积淀就缺少了理论联结实践的前提，作为高职院校一线德育工作者，笔者虽然缺少德育的理论基础，但仍以认真的态度做高职德育的理论探索与实践探寻，以呼吁唤起高职院校德育的研究热情，提升其研究水平。

作者

2021 年 12 月